林祖藻 主編

明清科考墨卷集

第十九冊

卷五十五
卷五十六
卷五十七

蘭臺出版社

第十九冊　卷五十五

取之而燕民　兩段（孟子）　黃逢春

取之而燕民　兩段

黃逢春

取不取在順民心周二后可睹矣蓋燕之可取不可取在燕民之（原許絕大識論）悅不悅耳文武前事何不觀諸孟子對曰從來取國在乎應天而應天在乎順人何則天遠而難稽人近而可證前事之不忘後事之師也王欲取燕乎臣非謂燕必不可取也亦非謂王必當勿取（刺）也第王歸之天臣請驗之民耳且今日之舉王謂爲燕來乎爲燕（入緊嚴瓷）民來乎如爲燕來也燕民可勿問如不然者則甚欲燕民之悅而不欲燕民之不悅故王意中止有取之之一策而燕民意中未必無悅與不悅之兩途今使取之而燕民悅殄燕之謀方且爲燕民

快心之舉何怪於王。然使取之而燕民下悅。絶燕之祀而即深燕
民疾首之痛何藉於王。王之取勿取於燕民之悅不悅驗之而已
（原評就齊燕作一關鎖）
矣且王不聞古有出於取者武王乎古有出於勿取者文王乎在
王必以為善承天命者莫如武王在臣則尤以善挽天心者莫如
文王在王必以為衆可取之機而不失可取之算者莫如武王在
臣尤以當不可取之時而善全勿取之議者莫如文王在武王固
非有所利而急于取在文王亦非有所畏而暫且勿取在武王固
（特論名通）
非妄干非分而故取之以遠乎其父在文王亦非挾術觀變而姑
（原評就文武作一關鎖）
勿取以留之其子蓋在武之時視武之民在文之時視文之民而

已矣。是故或謂王取之。臣非謂王必不可取也。第取之而燕民悅
則取之。古之人有行之者。武王是也。或謂王勿取。臣非謂王必當
勿取也。取之而燕民不悅。則勿取。古之人有行之者。文王是也。王
惟酌于文武之閒以自審其取勿取而已矣

俊快。原評

齊王言天。孟子言民。斟酌上文。平中有側。筆墨迅利。如輕車健
馬之奔馳。庭明

取於民有制陽虎曰　　文準集　來鴻瑨

以取民徵其儉陪臣之言可溯矣夫取民有制儉之至也欲詳取民之制盍即虎之言以相證且人主苟不求足民而求足國將聚斂進謀臣何怪竊寶玉之有陽虎哉乃權征額於窮檐無欲何殊無徵而採良謨於宗國名言不必名臣彼取之損者不由乎用之節取而遺論堪傳儼然深人無淺語也恭則禮下儉何如哉今夫人君準國家之度支為陰陽之調燮而特持之曰儉豈獨誅成虎之貪惏懷寵已乎抑僅用穽虎之賑貸市恩已乎其於民也蓋斤斤焉慎所取矣其於取民也蓋斷斷焉定以制矣還虎噬以飽貪囊纖悉難填大谿壑限之以制民則曰國

有寬政君則曰國有常供也外消侵蝕之門即内杜奢華之費儉以畜德何至舟鮫衡鹿之兼權肆虎苛以行貪政追呼徧逮於閭閻定之以制民則曰帝力不敢忘君則曰民膏不敢竭也為境中限蠲租之額即為宮中開撙節之源儉以養廉何至東酒西漿之告匱其有制也其以儉也不猶乎恭之能禮下哉薄斂輕徭之政舉而廷臣工籌畫不得倡掊克之謀朝廷謹節有權直與稅租相黙準則垂定法以昭出納而數歲供所入罔越正供趨利乘便之計工商小有權謀早已破征求之格平居直言不諱直挾肺腑以俱流則援遺語以證來茲而知往論所居然讜論夫陽虎不嘗有言乎大抵庸人計議每多忌諱之私不若驍雄之立言為痛快虎蓋聽毀譽之在人而以片言權其

得失人所不敢言者虎獨愷切言之也祿去政逮以來其於取民久乖常法茲之不以辭害志者幾與師箴矇誦以俱留則可法者此言可戒者亦此言是直斷章取義之意也而心口相商千載如聞其語自來賢相經營未悉機宜之巧不若鄙夫之計較為精工虎蓋恃操縱之在我直以一言辨其重輕人所不及言者虎獨慷慨言之也蒲圃萊門而後其於取民久失常經茲之不以人廢言者直與孟氏臧孫而並揉則得於意中者此言適於意外者亦此言是又剴古切今之論也而肺腸所示千秋揭其聲進述其言其於取民之道隱然合矣為君者尚其為仁不為富也可

第十九冊　卷五十五

取於民有制　助者藉也　胡宗師註取　黃孚文

取民貴以仁助徹之義可考也蓋取民無制則富而不仁矣孟子論賢君而取証三代所由特詳助徹之義歟且以取民之不容苟也限以制而後君心之仁愛可期亦限以制而後古法之昭垂可攷何則為百姓留膏血刀錐不敢逐乎閭閻於三代審規為軌度可遵詳乎姬子盖下自不妨損上也居今正宜知述古也而大君之以仁民為心者乃得溯定制於往聖而推其意焉如禮下之賢君已恭以持己矣而復儉以治人者何哉慨自履畝稅畝以來奢華甚而徹之制亡汰侈深而助之制失亦誰知先王立法之微意哉吾用是恍然於賢君之取民矣小民自

勤其力作而天家乃借此以肆厥徵求君子謂其不藏富於民
而徒藏富於國矣得賢君以定其經而窮簷之一粟一絲在在
若關前王所體恤下民每樂於耕耘而大君偏資此以肆其貪
饕君子謂其徒假仁以病民而不爲仁以利民矣得賢君以垂
其限而前朝之一法一度隱隱若爲深宮樹儀型是即所謂取
民有制也是即陽虎所謂爲仁不富而非等於爲富不仁也吾
用是穆然於夏后殷周時矣獻賦本無定局而非截以不貪爲
寶之念則愚氓終歲之衣食亦不敵大廷一日之誅求阡陌開
自後人而惟緬乎自古在昔之時則疆里已定於先王又何至
意義莫追乎列聖矣然吾得因取民之制而知助徹之所由名
矣事必推原其所始而後古人之法制可明所謂徹者合八家

之丁男婦子共有事於西疇也則有是徹而百畝之田不棄亦有是徹而同井之賦維均取民之制其奕奕堪稽乎能勿即徹之義而低徊念之法必不昧其所宗而後前代之遺規可溯所謂助者藉眾人之易耨深耕同出力於南畝也則有是助而公私之等可分亦有是助而上下之經目定取民之制其明明可按乎能不即助之意而鄭重思之徹者徹助者藉取民之制如此儉德昭而仁恩普矣

詞意端凝氣機條達

武王曰予　才難

歲入興化府學一名　陳棟南

周有人才聖人猶不忘于古語焉夫得十人以致治周豈乏才然而
才難之語夫子固有不能不追憶之耳且夫才者古今治亂之所係
也天將轉亂為治未有不生撥亂之才以為天下之用乃[illegible][illegible]用之（一波三折）
矣而王者反若私之而自古在昔又未嘗不鄭重言之者何歟五人
得而天下治尚已千有餘歲武王作焉當是時商[illegible]將訖黎老播棄
家耄遜荒有臣億萬可謂無才觀兵而後遂覺才之萃于我武也泰（渾射末節）
誓言之矣曰予有亂臣十人嗟乎十三年以前武豈嘗以同心之佐
厚自夸耀即彼十人亦豈樂以撥亂才見者十人之以亂臣聞也有（斷服事即注際字著力道宕）

自爲集　論語

才若此不得與五臣分烈庸非命耶要以或屬懿親或屬異姓宮中
府中翌贊内外黄鉞一麾異才輻輳誓于師示得人也錄于書示不
誣也非武王不能有十人非十人孰能輔武王成周太和之氣我武
二○片○神○上○
丕承之烈誰謂十人不與厥功哉乃一日者孔子鼻口其詞而慨然曰
有○字○起○議○奇○鴻○
嗟乎吾不嘗聞才難一語乎今夫天子不能與造物爭才得而有之
○睠○然○六○合○青○霄○
不得而止之也才又每與天運爭治亂與王之所貪帝心乃新也
五○十色陸離○裹○何○妙○在○空○中○數○疊○集○一○議○截○奇○
萬物芸芸以多自證古今徵瑞之物旦旦而遊郊藪焉無爲寶貴矣
扶輿清淑渾淪磅薄積而洩奇將郊車而載焉不見材矣古人豈以
大治不數大亂不數至于感風雲依日月麟麟炳炳不與氣化而見

才之有有才之難也遂為是鄭重言之而夫子慨然述之[illegible]云孔子殷人也其平志三代之英而未逮豈以周召望散諸臣才以撥亂見不得與五臣争烈而寄慨乎何讀書至予有亂臣十人獨不能不追憶于才難之語也則以十人未滿厥数也

（日光出牛背上）

詳味斯意追述才難為讀泰誓而發乎論不磨文亦踈宕有奇氣

武王曰　陳

武王曰予有亂臣十人

劉鍾嵩

呂宗師歲取進
閩清學第一名

誓師而自明其臣數知周之所以王也夫亂臣之名豈易稱哉武王乃自言其有十人紀者祈為繼舜而及之歟嘗稽舜之世羣臣濟濟天下咸賴說者皆謂舜之得此五臣幸矣然而舜當日不過咨四岳而各分以治職初未命以是為臣數也若何乃若既得其人復明其數則有如武王是已之臣也想當年韜晦之志非不能堅於三年而義旗之麾以會乎八百國則詠之木主以往征以敵商卒七十萬人之旅寧僅一惟予一人哉於稽其時則嘗有亂臣矣且夫亂臣亦殊不一耳我觀武王其誓

詞有曰予有臣三千則此三千之人皆亂臣也入牧野之後紓

言曰逖矣西土之人則凡友邦冢君與御事以及庸蜀羌髳

微盧彭濮人皆可作亂臣觀也又寧蜀□畢散等十人始足共

亂臣哉然而亂臣之號不易稱亦無愧於亂臣而

亦無愧乎武王之稱之也而吾獨以成武王幸且為十人幸旌鉞

而既逑矣假非有同德同心之佐以相為奮發則安危戕武之惟

揚也亦何意十人之師師在望乎鷹征有文派之傳則公族附多

手足菁莪有造作之化則異姓豈乏賢豪當恭行天罰之日而無

小心無令不相從以奏鷹揚之烈則撥亂誠有賴矣寧非 武王所撫

翊而自慶者歟兆佑燦有素矣苟非遇作君作師之主以相為倚重亦雖知勳勞乃之丕績也亦何意武王之殷殷相賴乎告祭有仁人之慕則威名已播山川止亦有夫小之最則列陣距衍步伐當例道曾孫之前而左之右之皆如良言其大定之休則佐治會有燕矣寧非十人所秉時而深喜者

臣而繫之以亂者何也亂者治也蓋取乎轉亂為治之意也以為予有者何也蓋深幸十人之為已得而亦有以致天下治之盛也蓋記者觀武王之言且與五臣等爭烈矣

武王

劉

明清科考墨卷集

第十九冊　卷五十五

武王曰予有　事殷　鄭觀

以亂臣爲有者非事殷之心也夫使其服事于殷則周才之盛皆殷有耳然武王豈能坐視其亂乎且天子在上則爲在侯封應無不恪共臣節焉若夫侯國之賢才諸侯率以事天子天子賜之三命之服以得列于諸卿蓋亦天子之陪臣也何敢斥焉自以爲有也哉

（俊氣橫空挽迴千古絶無痕迹）

（排空而入）

蓋殷周之際天下之亂極矣紂雖有共主之名而毒我則仇事殷者愈轉而事周矣紂雖有君人之位而同于獨夫殷之臣即私而爲周

（筆上無來句關照）

之臣矣菁莪棫樸作人之化已被矣而後聞其風者相率而來歸武之所以有十人也離心離德焚炙之風亦長矣而後觀其政者畏是

而不前十人之所以為武有也雖矣哉此其一見于唐虞而再見于
我周者乎盛矣哉此虞之必賴有唐而武之必先有文者乎且夫殷
筆如遠山疊翠　復一
周之際天下之亂極矣當其虞芮質成而疏附後先之濟濟乎在廷
兩比將上下繇成一片又不乏意態波瀾才去俱超絕
矣此十人者即自諱其戡亂之才以嫌隆于揖讓之佐而聽其亂而
莫之興拯文之心何恐也當其飛熊協夢而鷹揚燮伐已赳赳乎可
用矣此十人者固不敢舍其撥亂之才以苟容乎聖明之世而視其
亂而奉以為君文之心又何恐也而孰知固有大不恐者在耶夫孔
逖父母天下之欣戴文王而不欲其事殷也久矣而文獨恪共侯職
一筆如風迴嶺轉
焉非直此也推其心且將以予之臣為殷之臣而何敢言有也抑絡

然于民○天下之共棄商王而不顧事殷也久矣○而文猶滇乃服命焉○
不特此也○推其心々將以予之有為殷之有而又何敢言亂臣也○至
于商罪既貫受惡弗悛而後武王率此十人以觀兵孟津亦使其改
○各態○百○出○而○控○馭○甚○嚴○
行率德則武王亦將終以服事殷而何敢斥々焉曰予有亂臣十人
也哉然則唐虞之際于周為盛才固有之德亦宜然
天邊雲遶山江上烟迷樹令閱者忽其面目而々覺烟雲之滿紙
金穀似
妙得隆萬之文律乃能翻新善變不復斥々為繩墨所束

長一身有半　徐葆光

長於一身則衣餘其半矣夫長于一身者雖寢衣然也而必有半焉
聖人之慎齊歟且夫明衣之度已不可考矣然亦必裁于一身而止
耳未聞從布之用而務儉嗇必因齊之敬而加修乃至于寢衣則不
然蓋長一身有半云夫衣被于身必不至于其地也惟寢衣而後可
以過其身即衣服于身又當處其被之也雖寢衣而後可以蓋其垂
彰身之具必求其稱長于一身非稱也乃時而不以稱為稱而轉以
不稱為稱焉施身之服必求其適長于一身非適也乃時而不以適
為適而反以非適為適焉齊無閒于晝夜也齊于朝慮其齊于寢而

必蓋戒其嚴敬餘于心所以止其中而衣餘〻身所以防其外也齋

好議論

無分乎散致也齋于三日慮其疏于七日而必蓋深其散齋之期

奧衍精

猶加三日而有奇而寢衣之制亦加一身而有半也被圖應規曲袷

應離者不必若深衣之綸也第以身為度而身倍乎半〻準乎身參

制奇得來

差之中其仍有縈齊之用乎上應纙安志應衡乎心者不必若深衣之

將一而字剬半字有讀累也

義也但以身為準而藥加其半不加其一代裁之際其依然損益之

若然方是長以寸不及短衣之長也

乎受要之長乎身則衣也而不可以為衣所以神明之也長其半則

寢也而非所以安寢無取其便利為也豈徒務足之謂哉

守〻刻畫層〻襯托工妙至此慶曆李泰一流覺其遜乎寡〻矣

○閻大百詩嘗云黃陶菴曲肱而枕之文非不佳但枕字切泊
乃將字叱陶菴文竟作枕字用矣見而民莫不敬見字與現同金
正希文竟作見闕之見此病甚多誠為至論即如此題長字註明
切去聲作餘字解李袞一文竟作短長之長尚欠分明此文方句
是長字正義不漏一短長〻字　汪武曹
以議論代考索之迹是作者勝湯綱齋評此文云文貴雅質兹言
尤得其深向来多撚襍砌之病吾輩課所不免顧讀者自綱齋評
語求之

長幼之節　四句　陳　龍

惡士大不廢之節、賢者明非廢之義、失君子之告人也、乘其所以勗入君臣之義可廢乎、抑何其躬行於家也、且聖人之明義也、因示人之所不安、而成乎人之所甚安、始乎至近而卒乎至遠、惟其安於近也、乃其能甚安於遠也、夫不仕無義、安歸乎、歸於不可以丈人未嘗登君之朝、我則嘗入丈人之室矣、其家朝然焉禄爾、以此知非無意經世者也、務爲馴謹之行、草野而有若者風味、亦知所本矣、觀其儀容、胡然痛上爾、以此知非自外為教者也、身中庸之間、于弟而教長老也、肯失亦知所學矣、豈非以長

也。轉合然○折○落○若一線○一○串○畧○提○

幼之節不可廢哉。雖然嚴而不可踰者節也。廣而莫可逃者義也。節歸長幼義則君臣。夫君臣亦大矣。世有求之聖人不以為猶而獨不許其廢。以為吾有以推之也。今有人未嘗不明其類而或興求其放而不得矣。君臣之義亦廣矣。世有悲之聖人不以為而獨不許其廢。以為吾有所素由也。今有人已力行見其效而

○轉○落○嘆○妙○

於焉我思其心而不測矣。苟出而圖吾君也。即家庭之所為而有餘矣。其為善於家也。夫寧為善於國。若斯人之不出。其謂之何。能起而懷此都也。則父兄之所教為有素。其為長幼也。父則亦將為吾心者若斯人之偏衆不可解矣。夫節也義也。不敢與不忍之

兩項緊接五者出之神盡出

心一而已禮踰于難犯而儀違于易侵行遺于當世而心深于一

緊川有更緊

家未一有也其何以長有以長幼哉假令丈人之家少陵長小初

結又作此反掉評論之旨

大別丈人猶將懸之使推而至於君臣之間即當世之賢人君子

吳滿切矣　遞滿悉奉比意作收

蓋以爲弗及也　足貶　聯

意法下截却備在上截作意明環所謂因其所明更不作一決

敘語詞愈緐而旨愈深讀呼翕聲之入後則係仿刻視稿

本刪去百三十餘字節抄較老故從之

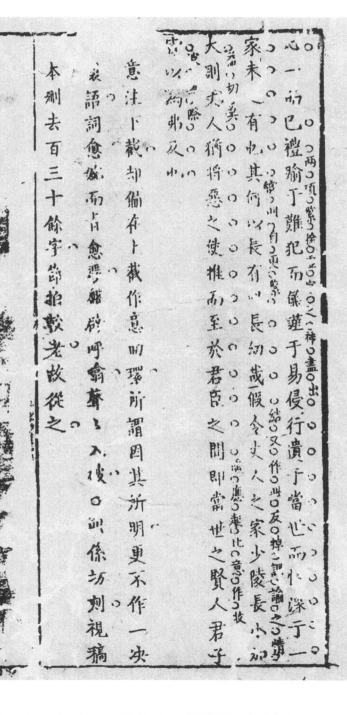

長沮桀溺　一節　　己未　沈德潛

以農隱者、偶值問津之使、焉夫沮溺耦耕、與過者各行其志也、使子路問津、殆偶然相值也、夫從來農家者流、不無同調用世之侶自有同人、彼與此各自為謀也、乃道不必其相同、而境偶為之相值途路之窮、正無端之合矣、孔子與子路、不遇于楚、還轅于蔡、同志者雖疏、第為耦矣、時楚蔡之野、適有耦而耕者、彼既蕭閒物外

○惡○設○世○

自應逃遁于空虛、乃犁雨鋤雲、托跡依然百畝、彼既棲息田間自

○照○評○八○

可獨行夫已志、乃我負予戴、偕行耦有二人、師弟獨于途、朋儕耦

○詠○斯○人○我○與○

千田人世皆有情之宇宙也、行藏雖異、各挾一種情而往者、相喻

于同心耦于田者思凡濊畔耦于旋者志在涉川人生多各抱之
○照○易○子○下
襆期也蹤跡雖逢何緣使而不相謀者徒遇其歟豈若是孔子乎
此宜若為弗見也者而過之矣乃不意會有漠然者孔子遂津而
○上○去○去○天○着○讀○上○平○揭○
使子路從為之問也雲水蒼茫望前途其步從其使問也非擇人
○辰○照○知○也○
而問者也所值者有耦畊之人野老山農自必熟諳途徑且烟波
○揚○去○招○隱○利○白○
杳渺思欲從以何從其使問也亦無心而問者也藉所遇者非耦
○怒○添○合○高○
耕之人彼豈攜夫子亦商榷迷途且若畊者以無事之身結無聊
之友閒觀隴上悵過客其何之在過者以莫挽之忠任莫定之蹤
○氣○蔡○與○伏○庸○
暫息車中問耕夫以前路不斯而遇不期而問者也然自有靈

津之使千載而下猶知楚蔡間有長沮桀溺云

於下〻文胥〻映徹而本位却說得蕭淡高絕雅絕〻會處

行到水窮處坐看雲起時此種境界如是圓容不得外間人嘈

雜紀藏嵐

長短同則　重同　柳溪集　蔣誼紙

以長短定其賈、因遞舉夫輕重之同者焉、夫長短之異賈如乎
輕重也、相乃以為相若、能不遞舉夫輕重之同者哉、昔夫子之
持論也、度可以知長短、權亦可以知輕重矣、惟可以知長短、故
精粗並陳、賈初不形其異、惟可以知輕重、故疏密纖鉅價亦早
徵其同、安得以度之似者賈亦似、遂不必舉權之似者以相觀
耶、適市莫欺、何以先念夫布帛哉、誠以布帛之或[illegible]或[illegible]多[illegible]
麻縷以成、布帛之可輕可也、恆因絲絮而製、此而任其參差者
也、則不欺者恐不免於欺、然[illegible]子早有術在也、蓋長短同
則賈相若云、相若則長與長共賈、短與短共賈、蓋長短一、斯賈

之輕重亦一無論布或原於絲麻帛更煩於織縷而皆可以同焉者泯欺詐之風且長之賈不得下等於短短之賈不得上比夫長惟長短定斯賈之輕重自定無論布或參以麻絲帛本出自縻絲而皆可以同焉者去偽妄之俗然則其相若也不因乎長短之同哉然亦豈僅因乎長短之同哉獨是闤闠之中百貨並列以長短見其同者布帛而以輕重見其同者非布帛也使布帛亦同其輕重則長者必重即布帛之長可以概夫重矣短者必輕即布帛之短可以該夫輕矣又奚事於長短之外別言輕重且於長短相同之外別計輕重之相同也哉然而同輕重者又有麻縷絲絮在盡由長短之同而進為驗之懷人載歌有麻剖物亦云析似麻縷之輕重攸分無異布帛之長短各別

也顧何以麻縷不以長短見而獨以輕重見知麻縷之在肆有
不待量其長短者乎安得不於平衡之餘念其輕重之相類女
紅强半稱絲士類殊擁絮似絲絮之輕重莫混無異布帛之
長短必區也顧何以絮以輕重見亦猶布帛以長短見知絲
絮之待儈又有不殊長短者而烏得不於用權之際觀其輕
重之相埒是則同輕之麻縷絲絮不猶是同長短之布帛乎
迨觀貫亦相若而後許子之同輕重者正無殊於同長短矣
長短合度輕重得鉤綰聯絡中自具細針密縷

昔者太王 二節

山東徐學使歲考 邢曰玫
歷城縣學一名

以周事棄滕爲善則天亦從之矣蓋周去國而王滕則舍此安之乎則惟有爲善可必耳且將與之國與其將亡也無以異也方其離從戎業不暇圖全其勢若趨于亡而卒用以興故國家而有岌岌不終日之勢者殆天授以將興之資也豈可妄自菲薄而自即于亡乎蓋天之欲昌人國也非曰土地足藉也其欲廢人國也非曰社稷可隳也要皆有不得已之事焉昔者太王當之非有謗于邠非有使于岐而後之論者曰周之王業用岐山興使當日狄人不侵周之宗廟皆在邠土太王肯輕去其國哉且使太王不遷而邠之地寧無興周

不得已以起光入下節矣
之子孫竟不王哉乃知形勝之鄉有德易以興無德易以亡神明之
胙既有積於前必有驗于後古今事殊而其實乎焉則一也故昔
之君子雖在患難之中不忘積播即在播越之後能用輯和亦曰我
之子孫不幸而居我之後猶幸得我之善而存之未見明德之不祀
而衰微者之不可以振也然業之所創統之攸垂者予初無幸心焉
我為其可繼天為其必成不敢自毀其德以貪天之功亦不敢少懈
其力而覬天之助小其心以操之約其報以責之勉其力以大之蓋
緒太王
自太王以來不必皆王不必皆不王而臨敵維難恐懼修省大率如
任云翻天上節意以疏未言句
此發今者有為君之岐者乎即有之而君能往跡不能往乎設以太

王處君之時有狄之患無岐可遷將徒恐恐焉束手就斃乎臣以知太王之不能也夫國無外患必有內憂恃險不虞故多大國或者將假彼以大警君乎是天以為善之資奉吾君也誠懼而修德雖成功者天而創垂在我滕且為不遷之岐矣乎雖使太王復生其為計也無以易此

（妙悟破的）

起手即恨不得已意將太王事糊點精神全注為善上以後隨題轉折而文勢自遠不遷之岐一語尤極透徹

直省考卷篋中集　昔者太　邢

○○○昔者太王居邠　居焉　湯顯祖

先王有不能懷其故居而狄之爲患久矣夫邠太王之故居也故亻

來而太王去矣然亦豈後世所得效哉嘗謂今昔之變不同時大小

從昔者寬〻說入

之敵不同勢然時危同于感愴而執小易于圖存此不可不計也夫

上句即先挑後之句、從滕文事引入昔者有情景

寇大壓境可謂寒心豈今日君之事而已耶昔者太王嘗之矣自今

始下子孫從此下逢提居岐

觀之岐之陽太王之孫也而不知太王寔始居岐也乃眷邠顧太

創業垂統順落居邠　屬景寫情　始下

王之德也而不知太王固先居邠也觀其流泉流泉無恙也盍民之

始下非擇不保民寧起後之

初生其土・斯也非一世矣非不屬目安也如邊警何度其夕陽夕

君民分北

以知故也蓋君之有宗其依于此也一日矣亦既庶且煩也如我

增訂小題金丹　萬曆癸未　五五　孟子

心何始也自竄于大戎之間而公刘欲其地中也亦復中犬戎惠

（補閑其中也句亦不枯直）

而亶父遇其時狄人可事也而不可弭也固有三軍已被之矣安能

（帶起）

（末二句）（自土沮漆下當改為故）（呈上兩雋）

久居此乎自土可樂也而不可長也地非一姓已知之矣何必懷一土

（照上居）

（橫入岐山知書）

都乎蓋天作高山隱然周原之在望也于是乎胥宇其下焉雖不得

（郊作二折）（傾狄侵）（前是始遷此是定居）

終其皇澗之遊而亦庶幾乎厥慍之無近矣帝遷明德儼然周道之

（既說居岐）（帶二折）（頭）

有夷也于此乎周爰其居焉雖不得免于疆理之勞而亦庶幾乎昔

（居郊）（從郊順說到岐）（反照上下非待不得已）

遷之無嘆矣由前而觀居郊者此太王也雖未有室家何知有異日

（從岐溯說到郊）

之居岐由後而觀居岐者亦此太王也雖增其式廓亦肇基于昔日

（總到下節四句中滲會運化題面無復人工）（照下子孫）

之居郊蓋古公雖欲尊生而讓王狄人固以殷憂而啟聖殆至王周

○○○昔者太王　二節　　許　獬

大賢勉滕君以自强、必援往事而論之也、夫為善所以自强也、遷國非得已之計、奈何輕效往事哉、昔文公為築薛之舉、而有怵焉遠避之心也、故孟子曉之曰、君子之立國也、不恃人之强、亦不畏人之强、在善自為謀而已矣、吾嘗歷覽古今、追跡興替、其間弱避强、寡避衆而遠迹以苟存者、蓋亦有之、太王是也、然非太王之得已也、蓋其所際者夷德無厭、則獯鬻之性難馴、非若今日之獫號獮冠帶之國、猶可德懷而禮服也、其所值者戎馬日騁、則剝膚之勢、一過非浩繁準之義、僅萌蠶食之端、猶可防微而杜漸也、說者皆云遷岐之後、不數

傳而六州歸大勳集後世子孫相繼而為王或者太王之有意於急
而不知太王之為其子孫計也非遷國也為善而已耳與王原不得
地天命歸於有德修德行義之烈苟足以薦馨香而來帝眷則皆可
轉敗而為功積功累仁之行苟足以洽百姓而光四方則皆可拓小
而成大曾何彼何此何古何今矣以前功而責後效則其心必不純
以薄德而徼厚報則其為必不力是以君子不敢必也以其可創可
垂可繼者為之於己以其固然宜然不必然者俟之於天如是而已
矣夫為善之利大之足以王而小之亦不失為可繼吾故願君之彊
為也不然雖有他計如齊何哉吾恐當今之時人懷攻關攻聚之心

世多爭地爭城之戰為君之岐下者未知何在而為君之齊人者比
比然也君幸藉計而審處之

迴盼一片無限深情

次節語錯落難安頓惟會題之意故擒縱自如韓求仲
君常
直破遷國之議便無繚繞又能於一線中宕漾百態手眼俱高馬
摯定不得已向貫通下節文勢自成一片令人即構此局恐無此
議論光燄也

最妙在中間將子孫必王倒翻出為善遂以成功配合必王
可繼配合為善頭緒雖紛不煩言而自解矣

昔者太

昔者太王　居焉（上孟）　陸培

通似前引文字

昔者太王　居焉　　陸培

王之禦狄亡國之術也夫古今禦狄有戰而已至于和親徙都之說（奇識）行之未有不亡者也效太王者何必效此乎且戎狄諸夏天之所以限南北也何者狄處沙漠之地居苦寒之國嗜利無恥貪得無厭有王者起得其地不可耕而耨也得其人不足以為民逐棄之于度外而引弓之國自是與古今終始焉後世人主見其勢之日蹙而思所以待之不得不出于和戰而策究之和親者凌夷滅亡而相持而不下者猶足以（此有主見）自立也禦狄之術其大較可睹矣昔太王懷剪商之志具高世之心至于處狄一事我未嘗不笑其計拙也彼狄人進豺狼之意肆乎[illegible]心始不過驅劫子女謀掠璧帛而已豈真欲席東西之封擴輿圖而闢疆

論正可借莠胸藏甲數萬

土哉追至納賂請和盛陳賄貨狄始以為我不足慮然後驅兵大進不

（宋人已事）（敍論英奇是古文手筆）

傳之國都不止令入執路人而詰之驟起奮拳而詰者恐避擾去降乞而詰者愈疾其故何也見彼無可恃之具而欺之以為不足慮也太王誠能躬秉武節據險阨之勢興舉國之師貨皮幣以繕治城關出犬馬以佐理軍政散珠玉以陰結死士少壯出戰老弱振金鼓以助之一戰不得請再再戰不得請三其為河外之寇耶固可阻險以拒之其為河

（快論風生）

內之寇耶亦可背水以擊之我聞狄人利則進不利則退不羞遁走其天性也相持數日旦夕且鳥獸散矣計不出此而盡府庫以奉之求深壁以賂之棄土地以去之是使後之儒者藉口去邠紛紛為此可勝歎哉且太王亦幸而有徼外之地無國之土得以寄身托足少後須臾婦

昔者太王　居焉（上孟）　陸　培

爲後世辯遷太王又當闢論

其不然將使先世之祀忽爾斬絕乎狄人亦媯愚耳若少具英智關戎王去或發伏于避道或邀擊于要衝使亶父進既不可退復難歸有衆身待斃與襯就擒矣即不然養力數年奮兵復出歟古公之善去歟大國之數奔然則太王且逃于何地乎故曰亡國之術也後世學太王不學其事狄不爲不聖賢也是以會潛之縣書始以訊之盟唐之醜書曰以訊之山戎之伐美不下于召陵逐狄之功事可方乎城濮太戎之來焦穫舉在平王陰戎之處陸渾責歸晉惠春秋待戎狄之法過于謹嚴其有見于東晉南宋之事已後世之主爲無效前車之覆也

孫吳奇策

議論雄傑可振頹靡之氣非翻案也老孟當日原主守戰一[illegible]特亦足存其說耳鯤庭胸有經略揣摩已成出而廓清中原不難矣　原

介生

昔者太

陸

昔者有饋　所哉　許詒孫

言者偽而聞者喜無所用其智矣夫魚之畜而舍之而得所理有固然子產雖智惡知其偽其訊於校人也固宜異哉子之以舜爲難設之得偽喜也夫亦以舜固天下之大智者也一旦聞鬱陶之言而遽以治臣庶使象若不知象之將殺己者幾疑昔者之舜其不智實甚雖欲舜亦何必智也請更觀於昔者提挈立案昔者鄭有子產固所稱智者也夫能料人之謂智能聽言之謂智能察小人之隱而不見誣於人之謂智乃智如子產而忽有饋生魚而使校人一事其使校人也固不以魚之死而欲使之得其所也今夫物之已死而致生也

許詒孫彙　孟子　硃圍藏本

昔者有饋　所哉（孟子）　許詒孫

許謌梁　　孟子　　咏園藏本

奇亡啟實矣卻虞逸心胸情乎矣在此

其始必兩相而難舒若不克自展者繼之生意少遂而情亦稍紓久之而適其性樂其所欲得而意態亦復悠然情也亦勢也物之安危就安其理徐徐如此不待智者而後知之也然則子產之使校人畜之也其意中果有一圉圉洋洋攸然之景狀以為今而後魚庶幾其得所耳而不謂校人竟烹之也夫當校人烹之之時乎產猶自意此魚得所之時即圉圉洋洋攸然之時也不意校人反命果以然舍之圉圉焉吾果以少則洋洋焉吾果以攸然而逝吾其嗜好其喜尋於之物理應無不宜然者乎是子產聞而喜曰得其所哉得其所也　夫子產固所稱智者也顧子產雖亦料人而不

能非魚。必無此理。子產雖能欺言而不能不墮反命之言子產。雖能察小人之隱而不能察夫饋魚之必非得所之魚。而於是校人自幸其計之得。而於是校人反訕其智之名。而於是校人反笑其言之易。而要之子產豈果不智哉。子產之所知者情也。勢也。理也。非方也。

門子三句一經染寫便成創置今于物理上摹寫一番又于子產意中揣度一番便覺實處都成虛景用筆之妙直追慶曆名家

第十九冊　卷五十五

昔者有饋生魚 所哉

丁未 王葉滋

大夫知魚之生不知者反以為識也蓋子產畜魚而聞其圉圉洋洋攸然逝也不已知其生乎彼烹者自不知耳乃反少其智何哉

且天下事其常可知其變不可知知其所知即不必知其所不知而不知其所知者人安得反議其不知昔者鄭子產之事可徵已夫子產非所稱智者乎何乃以畜魚一事見誚於校人也雖然吾嘗綜其始終而論之竊謂子產智甚而校人愚甚蓋是魚也原未嘗不生子產知之特校人不知耳當魚之浮於網罟而將以烹當此時之魚雖生已無生也及命彼校人畜之池焉而魚生矣子

峯降犀利

畧明主脈

生之心盡矣子產之事畢矣畜之生也不畜亦生也不烹生也烹
（就使畜時設）
之亦生也不食生也食之亦生也子產意中固早已見為得其所
也況乎校人之烹之子產未嘗見之也則此魚何嘗不生況乎校
（此處虛點妙）
人之反命子產反若見之也則此魚又何嘗不生而安得不曰得
（一波未平一波復起）
其所哉得其所哉且夫校人亦可謂善生此魚者矣烹焉何害食
焉何傷但于反命焉而生之魚已不失其為生也若之何自生之
自不知之而反出有後言乎曰孰謂子產智一若其有不知者曰
予既烹而食之一若其所宜知者又述其言曰得其所哉得其所
哉一若嘗然耳　知者噫嘻左矣夫謂子產而不知魚之不生也

可也謂亏產不□魚之不生而遂不得謂之智也則試問反命之時豈不曰始舍之圉〻乎則魚方生豈不曰少則洋洋乎則魚已

補○點○盡○絕

生豈不曰攸然而逝乎則魚又遂其生〻於校人之口即生於子產之心生於子產之心即不啻生於所畜之池其生理之周流生機之動盎生意之洋溢耳目之前皆是也雖謂此魚至今猶生可也亏豈得以子產不知魚之不生也而遂致疑乎其智哉吾故曰

應○前○作○收○古○峭○異○常

魚之生也子產知之而校人不知子產智甚而校人愚甚

一眼射定方字而故出以變幻之筆於文為變幻於理寔平正

真能化臭腐為神奇○　姚平山

昔者有饋生魚　所哉（孟子）　王葉滋

昔者有饋生魚　所哉

安徽鄭宗師歲試　吳靈英

全椒三名

大夫及物之仁無損乎智也蓋魚有可生雖智如子產不謂其非得所也何校人轉以相識乎且物情之變也吾戀乎測其所至哉頑索或出于意外而縛其常情者能適如吾意之所期則亦不必以不肯之心應之也乎不知舜盡觀乎產彼其料事而多中者私議得以上聞而人言在所勿恤所謂以智行仁者非歟有時以仁而掩其智〇妙手〇簡〇精〇好〇者則莫如饋生魚一事夫之死而致生之不智而不可為也魚曰生固有可生之理矣而後觸于好生者之心命畜之池亦固其所了欣非必救其生者也人心之不同大夫嘗言之矣其先見之

以揣小人之臆焉吾謂此時之子產惟知魚之可生而可

水者竟池而岸給以涸轍之塵撥而孔亟也待升斗之水然活所急

然有縱之生暫不奮志于江湖而頓釋夫相濡相吹之苦勤以天者

君人而同情以不忍之偶觸而不自禁也有若不過一舉手之勞

畀而後有承其意者不啻立可治上而親見夫以游以泳之形其生

氣之未舒也必圉圉其生意之初蘇也必洋洋其生情之已暢也必

悠然而逝雖欲如子產懸擬于反命之前者固如是而安能不來得

所之莫止蓋至此而魚之死者復生矣以意中之景作目中之情幽

悃肖此 不終而亦僅克樂識者反笑其不情須至此而魚之生

原評又眼可歎

者乎在矣生機之萌為殺機之伏所不料也苟其用人而轉以生
疑自疑亦謂其無謂也夫夫非校人安知魚之烹已久也退有後言宜
無難乎不智之譏矣此一魚耳始生乎子產之心繼生乎校人之心
豈智者獨能料生而不能料死哉君子曰我知之生魚也

檃括蹄筌之喻將事切情不嫌輕雋　原評

擺脫恒境子產獨造與古為化名手何疑　子產好生校人矯詐
此亦寫校人之矯詐單寫子產之好生不但可歎以其方句影
照伴越並欺信二字亦注縮得到可謂目光如炬　黃子厚

昔者有饋生魚　而逝

徐大宗師歲取閩縣學一等第一名　林之瑾　碧之　廩

欲明虞帝之非偽而偽為生魚之詞可引矣夫因所饋之生而畜之子產亦無偽也乃何校人以偽而反命乎君子曰此異事而有同情者也可于子產而得虞舜且天下賢人之心即聖人之心也而不可以究小人之心何則聖人之心無偽賢人之心亦無偽而小人之心則恒偽而不可測夫至偽而不可測則有謂聖人賢人之心亦偽者夫豈其然小人者何象是也始則謨蓋都君為我績繼則思君而至鬱陶意偽甚矣若舜洵聖人之心無偽者也舜之外我于賢人得一鄭子產亦然天下聖人賢人不多有若象之小人則比比皆是鄭之校人蓋其類也昔者有饋生魚產一事我得為子借觀

試州

聞之為政者非無賄之患而無難子產何以有饋聞然
實秉國鈞不腆嘉魚非賄也以歲之不時薦諸從者子產豈有闕焉
惟是當日者頗不刀也是供而命彼校人畜之池于是遂滋多事矣
或者曰大夫仁甚昔有虞之世鳥獸魚鱉咸若今也之死而致之之
仁何如耶或者又曰大夫義甚夫御饋不恭也畜之池使之攸然逝
抑何義且至耶然吾不具論獨是命校人耽也畜之池魚喜可知也
向使校人奉大夫命毋隕越將見千百年後或有稱子產畜魚者并
嘖嘖校人之名不衰耳柰之何校人曰以殺魚為心竟溺之釜鬵烹
之有弗恤為噫魚至此尚得有生之形耶此亦如古至聖處倫常之
變井廩交困而岌岌不能生也噫嘻甚矣憊吾于是為校人恐設一

昔者有饋生魚 而逝　林之瑾

日者大夫赫然而聞生魚校人其將何辭以對而不圖校人且反命也以未生之魚而為既生之魚以烹而不能生之魚而為生而未嘗烹之魚于是意中有烹魚而目中遂無子產乃目中無子產而口中竟有生魚狀魚之生又決魚之不即于生曰始舍之圉圉焉狀魚之不即于生又狀魚之自樂其生曰少則洋洋焉攸然而逝生魚有然耶抑校人之口然耶惟校人之口然而生魚亦竟宛然矣甚矣校人之偽也聞昔談列國軼事至校人反命數語竊心然悲之曰甚矣小人之偽也小人之心不同于聖人賢人之心也乃吾心之悲校人者而校人反藉是以譏子產矣

昔者有饋 子產

學院歲考和學第四名 林光遠

鄭有生魚之饋、愛兄之喜可以借觀矣。夫子產非舜匹也，而饋生魚亦非殺兄類也，然而其事有可借觀者，孟子故引之以為予。以舜之喜象而疑其或偽也，亦未嘗取往事以為鏡耳。使取往事以為鏡，則知舜之喜象無不在人情意計之中也。是曷不觀之鄭子產，夫鄭多

包孕全節含蓄不盡

落脈便有草蛇灰線之妙

大族兄弟之間每多相傷，爾時子皙子南同室操戈，使非子產誅黑

衡會天然

放楚，鄭之民不聊生矣，幾何其不為魚乎。蓋治大國如小鮮，僑也或庶幾為然，此不具論。其饋生魚一事，且夫生魚胡為乎求哉，以為彈鋏興歌來自齊相之門，而溱洧之濱不聞歎，汕汕也子

產爲得有是餽以爲東脩來往或有賑祭之嘗交不聞其
上及於大夫也子產又不宜有是餽然則生魚之餽又乎來哉
則意者豈其食魚必河之鯉如齊之陳鮑衛之蘧史素與子產盟會
往來或者以此爲送餽之具文乎即不然吳越之間飯稻羹魚如公
子札者昔受其紵衣之獻亦或以此生魚爲投桃之報也俱未可
但以予過鄭越國歷費滑之墟思博物之遺父老爲予言曰昔我先
大夫子產其養民也惠固魚殖之晉相而魚麗之君子也且其抗大
國抑强亦掌鯨鯢於碧海起涸鮒於西江當時欽其遺愛以薄物
明𢀖遂相傳有饋生魚於鄭子產一事子其將生置

魚乎抑亦殺之乎斯時必有撫魚之□非言魚雖生□□之秀□□

死矣吾知子產必不偽為喜而愛此魚乃子產則命校人□□我

所欲也但無故不敢烹也惟茲生魚汝其予于畜

惜前節作波涉筆成趣不墮惡道

于老夫子原評

次作多奇論文氣亦老到

題只發端甚難措手茲則步步映照而中間又絕有波瀾乃知大

力人無所不可　業師陳雲龔

虛活之筆涉而成趣駸駸絕倫　業師吳肖我

間中波致掩映在離即之間匣劍帷燈差方斯□　業師劉耕南

泰社試

泰社試拙

掩映處都在有意無意間宛如承天夜月竹柏影

率意寫來有波光蕩壁之致　會弟陳醇仲識

昔者有　粿

昔者有饋　而逝

徐大宗師歲試閩縣學一等第五名　林嗣英　其宸

惠人見詐于小人，反命而有若思君之説焉。夫子産因生魚而欲全其生，所以有校人之使也，而孰知校人以生之者死之，復能以死之者生之乎？反命之言亦巧耳。嘗思天下事之出人意計之外者，何其多也。爲弟者有時行其詐，爲使者即有時而試其私，大抵正人之用慈不一端，而其事常顯；小人之用詐不一術，而其説常工。有虞以來，以余所聞，鄭子産使校人一事亦足異耳。昔者有饋生魚于鄭子産，夫子産，鄭之良也，唯茲微物，不以濺釜鬵，而以修不腆，欲何人斯而頗爲此也？然亦饋贈之常也，無足異者也。乃子産使校人畜之池，夫校人職有守也。夫好生不以

而以恬物性，唯彼小吏

勤勞也此亦使人之常也無足所可異者獨此一校人
産方以魚藉校人而生孰知魚以校人而不生矣且校人以大夫之
欲生是魚也為能料生不能料其所以生也大夫既不能料其所以
生則魚可自我而生亦可自我而不必生何必以果遂其生者報大
夫也抑魚既以校人而不生度校人必無所以生是魚矣乃校人以
大夫之欲生是魚也為能料生得毋亦料其所以生乎大夫即能料
其所以生而魚可自我而不必生亦何難自我而生吾豈不能以曲
僞其生者報大夫也于是使校人畜之者校人竟從而烹之矣異乎
不異乎天下有以烹之者畜之而以畜之者烹之乎而且反命于大
夫曰始舍之圉圉焉異乎不異乎天下有以舍之者畜之而有以烹

之者會之乎校人猶恐其言之不工而大夫不吾信也又以為少則洋洋為攸然而逝異乎不異乎所謂圉圉洋洋而攸然者其在校人之意中乎其在校人之言中攸然而既已言之則竟若圉圉矣竟若洋洋矣竟若攸然而逝矣且竟若一生魚矣大夫有命曾不若小人之有欺校人幾躊躇為以為魚即畀生而其情亦不過是也故以之誑我大夫也大夫行[illegible]曾不若小人之行校校人幾謀度為以為魚來至而言其情至是也寧不足動我大夫也而子產聞此將若之

○○昔者有饋生魚於鄭子産　法檼

誌所饋之物將以辨僞焉夫生魚之饋亦其常耳孟子述之若曰欲知舜者先觀于産且父母者身之所由生也兄弟者亦親之所自生（借生字映出帝舜大孝）也乃有時父不愛其子弟不念其兄處此難者能無悼鮮民之生哉而況物類之微其偶得全其生者不可謂非一時之幸也予觀舜之僞喜乎方瞍之以完廩浚井使舜也瞍方爲網之設舜幾于隴之羅（緊繼工巧）矣瞍方爲釜鬵之熾舜不啻瀕尾之勞矣乃捐階有計不足死舜也（又髮弄生字）而舜出盖井有謀不足死舜也而舜又生逸至入宮見象而喜可知（又映饋字無迹）已非喜已之生也喜夫鬱陶一語其意我者良深而思君片言其兄我者獨厚耳此其至誠感人者寸僞喜哉無已則請告

子產○吾聞駟良之難○皆召子產

作曰兄弟而及此吾行

羨○卻○與○愛○懸○激○射○

與惡其為人○必孝于爾親友于爾弟者羨不共論之其受饋一事夫

人曷以有饋也○豈其惠而好我○藉此饋以達其恫恔耶○豈其不我遐

棄藉此饋以將其誠敬耶○若然○則此也承筐以既彼也拜嘉以登君

神○筆○入○化○

子于此竊嘆雖有兄弟不如友生矣而要未必然也所饋者特生魚

本地風光更妙

耳夫曰生魚則非若牛羊芻豢之可以養賢也非若干戈琴弦之足

以自娛也饋者曰豈其食魚必河之魴顧以不腆為大夫獻則饋固

翻○案○靈○動○

其常也饋以生魚亦其常也何足以見子產更何足以例舜也哉不

步○二○四○猗○正○西○

知正有可比類以觀者蓋天下境處其變雖兄弟不免賊恩之禍而

事處其常即友朋亦多聞餽之情故子產嘗門校人曰魚畜于罶

子之來之也，而既已饋之，則昔日之魚饋者為政，今日之魚于產為收已矣。未嘗曰南有嘉魚，竊言嘗之也，而既已饋之，則昔日之魚不難之死而致生之，今日之魚不難之生而致死之已，於是為生魚處焉。（照下文）（兩邊夾擊）初離沼沚之餘，旋充筐篚之需，自有此饋而坐者不保其為生未可知也，是可憂也；又為生魚幸焉，幸登遺愛之庖，豈圖口腹之奉自有此饋而王者得保其為生未可知也，是可喜也。乃卒也畜之自于產者烹之自校人，不識子產不知校人之將殺魚與，請終述之以為非偽喜者証。

此証舜非偽喜，在子產信校人之舍魚，此句引起尚少着落，作者借魚之生形出舜之得生，猶賸形出傲弟之賊恩也。

房書小題文徵　下孟　稿有　法

中生有其正旨專在後幅○獨[illegible]之法○仇滄柱

昔者有饋 一句（孟子） 胡兆熊

昔者有饋 一句

江西金學院歲覆
入南昌府學一名 胡兆熊

誌所饋之物將以覘受饋之情也夫子産鄭大夫家也以生魚饋亦微矣然而事有相類不可援昔以證乎若曰戀摯者天倫之性問遺者來往之常事不相類而有其適相類者存自可提而並論之也豈口承筐以將聊效野人之獻再拜而受恍同一束之芻遂不足令人懷古遺愛而不置也乎予以舜為偽喜旨不覿昔者鄭子産一位冠乎諸卿鱐薰之屬豈其不足以燕實然而其交有道不能禁也而承之自外至者不腆微忱敬陳東里身任乎此境溱洧之區豈其不足以佐餕然以禮何能絕也而取之

中者小鮮一割堪備嘉殽餞

饋矣其饋也蓋魚也二斗

雲山組用始鮮明

人近澤無敢以鹿豕為隊而舉綱得者不必出而求諸市二若太

夫無故不敢以羔羊為羞而臨淵羨者不必退而結其網載沉載

浮者其性離江海之濶而藉為多儀豈復依蒲而在藻以游以泳

友起生字

者其天納漁人之罟而將諸巨室何異釣水以茹鮮乃不謂饋之

者竟生魚也噫異哉在昔吉甫之燕張仲也曰炰鱉膾鯉魚固非

翻弄生字不枯寂

如鳥獸之肉不登於俎者或人之饋此也將無燔之炙之無令雉

膏之不食也乃於以盛之匪凋轍之為憂偏猶歡之是快則豈其

影射巧

之生不忍致死姑他屬焉以示吾之殺機不設乎在昔宣王之錫

韓侯也曰魚鱉鮮魚又非如皮革之類不登於器者或人之饋
此也將無魚之燔之無若靈龜之是舍也乃奉而進之匪魚爛之
（對緊特換）
而亡儼躍淵之在目又豈意惠人必兼澤物姑嘗試焉以驗彼之
好生有據乎要之子產非必珍其有也何味不可適口豈其必河
之魴必河之鯉乎饋而無魚諒不至彈鋏而動歸來之嘆也則當
（引動下文亦佳）
嘉貺來前固宜卻彼苞苴克媲宗邦之良相然而子產又若必珍
其有也何物不可遺人寧必其魚魴鰥其魚魴鱮乎魚而非生當
亦若赬尾而發如燬之嗟也幸茲首頒尚在寧不活以沫乎空憐
東海之波臣頓奈何饋之乎

潑而饋之校人也

前路取徑紆餘。吐屬雋雅。所射下文。妙緒紛披。仍復不溢。頓與一

九十　昔者有。胡

無字不飾色則枯。生字不著眼則鈍。文故絢爛。極玲瓏。沈開　周

言能有物。巧妙絕倫。程藻倫

昔者有饋生　所哉　　姚培益

以得其所爲喜、亦終爲校人愚也、蓋子產之使畜、不過欲得其所耳、而校人之疾命依然是全生之魚矣、烏容因烹食而訊其智哉、嘗觀舜於家庭間（[illegible]定主意）不得其所盡見甚無非象欲之死之也至鬱陶之言又似之死而復欲之生也則昔者有饋生魚於鄭子產之事可証焉夫魚至於餒亦安能得其所哉則不由而烹不舍而食自不待言然子產固所稱智者也或憂其不得所而喜其得所未可知而子產遂使彼校人蓄之池即一魚而必使之得其所有如是者乎然魚之得其所也有卷即得所之苦漸舒得所之象大縱得所之樂則圉圉（妙解人多不見到）

辰而攸圉生魚舍後之態狀亦于產使畜意中之情形故之
名○言○至○理○
之言作之於耳乃得其所哉之歎且屢出於口也殆如子產真能弗
轉○下○逸○致○幽○飛○
喜乎蓋倡使畜乎產過意已盡見矣乃既烹之而校人飽得有辭
矣一方其以命或惟子產抱甚此及其既出又轉誚子產之智誇應對
之得當稔齒類之微長而智不發出校人下欲要之所謂得其所哉
與○謂○要○就○校○人○身○上○說○更○覺○危○新○
得其所哉亦就校人之習知習見而形容畢肖者以喜其生魚之來
襯○住○得○所○
生耳而智不智非所論也嗚呼一魚耳以生而市得其所以饋而不
得其所以畜而數哉乎得其所以烹而不止不得其所以反命而深
如○寫○癡○愛○不○平○憤○激○
宜得其所哉亦以無不得其所以烹食而不知不得其所者且反譏其

得其所乎□□然無常人情不測非智之所可逆料者大抵然也而於魚乎何憫於校人乎何尤於子產乎何病哉

取精於子而運以高曠之筆當不可牢籠熟邃者索解處 紉雲

扼得其所貫穿已見操縱得妹而驅駕全題更有筆趣巧無筆跡神 蔣平山

舉之咳閒品味高潔絕俗國十 □林彼屑之枯題作悠然者無非塵羹土飯 漢階

昔者有饋　一句　　紀人龍

記鄭大夫之饋者若擬非其倫也、夫饋魚亦其偶耳、因辨舜而及鄭子產、固有所以處此生魚者乎嘗觀史臣紀舜之德一則曰好生一則曰並生以此知聖人之心雖民物猶昭其仁愛而況在天性之倫也乃說者不察偎加以矯飾之情則天下事固有相類而不相類者敬陳不腆用獻大夫有可借以參觀耳子疑舜之偽喜也毋亦以幾近之心度古人之意而為此涼薄之論乎吾以為此其事不可不徵古而証也則仍觀之昔者昔者兄弟之所亦多故矣頌塤箎而知昔之兄弟所以喜歌明發而知昔之兄弟所以憂乃吾皆不具論而第

巧合題面

說舜發揮

出昔者

出憂

喜巧絕

決夫鄭子產子產鄭之良也考七穆之次當時如子皮伯有輩皆僑（出鄭子產）
兄弟也伯有以汰侈致亂子產曰兄弟而及此吾從天所與是亦處（妙仍在兄弟上映帶）
兄弟之變者然子產為鄭執政則國主乎義大舜為瞍孝子則家主
乎恩此其事不類而第述有饋於子產一事夫饋亦人情之常也觀（出饋于子產）（本地風光點）
禮文所載效牲者右牽之則牛羊可饋也獻米者操量鼓則倉廩可
饋也進矛戟者前其鐏則干戈可饋也君子無故不撤琴瑟則琴亦（綴焉妙）
可饋也張弓尚筋弛弓尚角則弦亦可饋也乃當日皆不及此而獨
饋生魚意者魚飧之節古人所稱于大夫廉潔自愛毋乃不給于鮮（出生魚）
敢膳諸從者此生魚之饋所由來也今夫一物失所君子引為已憂

吾觀子產當日遺愛之澤被於黎庶然或愷惻所周往往于忽不自
知之之際而阻其仁心之自動者饋生魚珍其誕歟從而薦陳于庭豈
曰君子（產映下意）維烹遂將溉之釜鬵也哉且夫一物不知君子引為已恥吾
觀子產當日博物之稱著於遠邇故其識量所及往往有耳目不周
之處而見其弘覽之靡遺者乃若魚之所生其淺者矣由是拜嘉于
便豈口于物魚躍未嘗臨淵而羨也哉孰知事正有不可預料者得
所之言非子產之僞也彼舜之於象亦若是已矣究之以誠相感而
象終歸於蒸又焉抑亦謂中孚之吉信及豚魚者乎

突說饋魚殊無着落偏於絕不相蒙處說得原原委委　虹橋羽蓋

魚影樓臺都是空中幻境曹微之作數層桃剔段〻與上文相照映凡第則巧奪天工陪生魚則想出意表是能以戲水神通作點睛妙術　陸昭文

實然一句上下不接無可生發即逐字出落亦無可點染勢不得不借上文為作映襯人以為近於纖〻吾以為焉能大方

昔者有　紀

昔者有饋生魚　一句　孫雲

以生物之饋而適遇大好生者焉夫以好生之子產而饋之以生魚其亦生魚之幸也夫且凡物生殺之機豈有定乎哉其必生者皆其可以殺者也而其將殺者皆其可以生者也乃若以可殺之物而當其尚生之時則物之轉移於斯而人之轉移亦於斯矣子以舜為偽喜亦以為舜之喜也喜於生也非喜於殺也而其喜象也喜其將殺已耶喜其將生已耶子之疑之固無足怪雖然不知舜蓋觀子產夫子產之處境不與舜類也舜之患在人倫之變子產之患存鄉國之難此其境不同而子產之存心則實與舜類也舜之從難於殺已

（以殺陪生天然關照妙不沾帶耳）

（含讀字無痕）

（逗出字得脉）

（借子產陪筆妙甚合歟）

（大奇）

（二人小題能讀到手本大有剖會處）

人而無將殺之慾子產之遺愛于用欲之中而寓好生之意此其心無異無難然吾不見論〻其生魚之饋一事夫生魚而曰貴則饋者之心亦見有魚也不見有生也何也意在於饋不在於生魚也然饋者而曰生魚則子產之心蘭見有生也不見有魚也何也意在於生魚不在於饋也是故未饋之先則是魚為饋者之魚饋者將生之子產不得而殺之也饋者將殺之子產不得而生之也何也饋者之魚則饋者為政焉耳既饋之後則是魚為子產之魚子產將殺之饋者不得而生之也況乎非饋者也子產將生之饋者不得而殺之也況乎非饋者也何也子產之魚則子產為政焉耳設以象而當此饋則貪

欲無饜以沃牛羊之味是魚之以殺也宜也而子產則非其人也
餒以養而當此饋則鳥獸咸若必以付朕虞之官是魚之必生也固
恰好落下
也而子產則實其類也孰意使校人畜之者竟從而烹之乎
引子產事本重反命以下見君子之可欺而在此題則使畜實為
近脉也文惟子產為政一比方與愛兄之道相激射為受欺張本
緩急得宜若其手腕靈通則又前無古人極小題之能事矣

潮川

昔者有饋　一句（孟子）　許琰（保生）

昔者有饋　一句　　許琰保生

饋以生魚述証者有其端矣夫子產惠人也饋魚無乃傷之乎然而猶生也是殆可為魚幸之歟且古之言（章脉清）傲弟者必歸象矣焚之不得又從擠焉彼處心積慮蓋惟恐舜之得全其生也（借生字活）乃若舜之心則固（節脉清）未可輕議矣吾証之鄭子產焉子產嘗有饋之生魚者矣夫愛物之念到即涓涓之思所推也勿謂一魚之微無足見德矣然愛物之理又[illegible]彔彔之分大殊也勿謂一魚之微猶務曲全是故取以為饋非忍也想饋者之置辭曰日者得魚頒首而華尾不欲私以奉貺也用致饋於吾子維吾子寔嘉納乎若然饋之是也而以生之何歟其

瑶洲聯集　孟子

曰生魚者危之乎抑幸之也物以能忘其生者為生在淵依藻魚也（從前說 妙）天地何寬乎魚之意中未嘗自喜曰生也斯則真生也已矣之曰（從後說）生魚乎魚無復有生之心矣物以終全其生者為生遭逢際遇魚之（妙）事後何如矣人之同中未嘗久見曰生也乃初困生者也觸目之曰生魚而魚其尚有生之望乎猶潛者魚之盛異罾者魚之衰似不（有關照 妙）有憂喜之殊致而饋者遑計乎已寬餘其生而不齊假其手於所饋者尚處已之厚也感若者人與魚同其樂賴尾者人與魚同其哀似人從魚亦有憂喜之相關而饋者庸念乎是濟之死而仍恐遺民（照 妙）機於所饋者何待魚之狡也故當

上饋者曰其言也哉

之魚游之釜屬乎然而未登於釜也故曰也庖人之作餽者曰無哉南有嘉魚式燕以樂乎然而未陳於燕也未陳於烹故（燕食之）曰也之生而致死魚惟饋者之怨之死而猶生魚亦若惟饋者之德當饋之初其生與否饋者政也而置之死地而得生饋者不任受

（就生字翻弄直追下意想手子會絕倒耶）

德乃置之生地而得死受饋者亦不任受怨究饋之終其生與否則饋者政從非受饋者政也一蓋至命寓而見烹而後知君子之能料生不能之死也

抓趣橫生具有雋旨塵尾所揮錯落皆成眞小品佳筆 陳奕璜

密題發出如許生面關照上文追取下意皆妙合具此青蓮

瑤洲時

瑶洲時

舌豈非文中理品學非珠

孟子

昔者有饋生魚　得其所哉得其所哉　陳宏衢

歷引鄭大夫之所以處魚者有畜不知有烹也夫魚能令子產而烹自校人不平甚矣而子產猶以為既畜之也得所之嘆所自來乎且天下置之死地而能生與置之生地而仍死其變幻之態皆有可以意計測之蓋生殺雖有獨操之柄而存亡無一定之形則皆[illegible][illegible][illegible]今見夫仁人好生貪夫好殺其間參類哉生死縱不得生既[illegible]而死莫知其死皆歷歷[illegible]墻湖限以舜為偽喜焉不觀鄭子產之遺事乎昔者有以生魚為子產獻者夫魚朝遊於滄溟暮宿於廣漢涵淹卵育以泳以游久久得我所爰以為我所

心白自訂稿

端而多儀用章代抱彈鋏之悲困而維伊絲忽羅而繳之矣
之唯命殺之唯命其波及澤國偕為沼上之躍寓其所也其付之
庖人絲作釜中之決亦固其所也而子產之仁心人此動知依
其衛藻昔無於淵今登于俎忍矣溉之釜鬵人生而致之以受而
甘焉愈酷而不可耐矣爰命校人為之畜之夫且以問尚有望
知之伏而畜庵之細且游以養之恩也下之悲人與之而已仁人
其慶壘札越蓋不遠然斯豈也魚樂甚賴尾濡可以懸腿矣香飯
者可以鼓沫知依草而校人可以瀉沙而迴然樂哉魚乎得其所
哉而不謂校人之食指動也校人之竊據使之吾聞於牧

昔者有饋生魚　得其所哉得其所哉（下孟）　陳宏衢

羊之象曲守雖辨虎兕之性大小皆習者乎魚其性何能以
所無辭於子產則亦敢言校人亦辭於一生而不足格子產之
亦不識烹乃校人竟烹矣校人竟有辭矣其始也狀之以圉圉廿
少也狀之以洋洋其逝也狀之以攸然逐波而往離樹得之之象
垂餌而招已失也中之穴其措詞何然而繪物可以亦而予產之
人心愈在重矣昔感於傾筐已無心於洪濤今遊之江湖豈
羨於臨淵舍者自舍逝者自逝舉目有感若之景悉念有潛伏之
形蓋並不知承筐而至可充君子之庖又安計此箸與供已畢也
人之腹得其所哉得其所哉子產非以明辨知魚之樂然終人

心白自訂稿　百五

畜安知子產不知魚之樂也嗟乎一介也甫得自饋於而已

及生致諸子產而魚得生饋者生致子產之畜魚生而得遂其生

子產畜之校人烹之魚生而終至於死校人亦所利者既畜魚死

然校人之行而生於校人之心子產畜而不知有烹魚者於校人

之口而生於子產之心雖謂子產之心信吾不能也然謂子產智

校人又不信矣

序事爽識論得龍門秘訣而馳驟縱橫有追風逐電之槩學一

馮咸六先生評 祠十一學髮之作 小石獎矣九

文成法立到筆隨是真能以古文為時文者 評九

不然以子產之智寧反出校人下而竟以不知之言令其出而相識也哉而子得毋曰不識子產不知校人之將詐已與令無不知也而亦曰然則子產僞喜者與夫亦未足以知君子矣

中間一段敘題既爾巧變又恰與下文可欺以其方對照可謂良工心苦　原評

陳大士先生前日于齊篇中間彌縫爲宋之辭一段將聞戒遠行二者件齊入點出最爲巧變此文將圉圉等句皆在子產意中想出眞能啓發大士先生之秘鑰者也　武曹

以子產作主驅駕題面無數感……成一……圉圉等句

巧絕若隨題將校人平敘豈復有此妙

本朝考卷大題篋中集　者本　萬

昔者有餽　子產　翟正經

餽物者以生、可以觀大夫焉、夫餽魚亦常耳、魚而生也、生魚而以餽子產也、此必有可觀、故孟子取以為大舜之證、（○映○餽○雅○切○）昔大舜遭人倫之變、幾于求生不得矣、方其浚井未出、將同涸鮒之悲、即其浚井既出、亦多驚餌之懼、之生而之死、復之死而之生、家庭之內、覬視舜為刀俎之需、嘻甚矣、無怪章之以舜喜為偽也、而孟子曰、否、請以昔日之子產為證、（○從○子○產○映○正○自○己）夫子產所遭者、伯有駟良之輩、其于兄弟之際、亦多致憾于鬩墻、似與舜為同遇、然子產所操者、一國生死之柄、即于兄弟之間、得裁以國法、實與舜不同符、至同不論其處

[illegible]之大端而第論其間遺之微事也當日者苞苴罔不入于公府而往來亦不絕夫人情則當有餽矣當日者朝廷雖不聞繼肉之[illegible]朋友時聞有劊鮮之贈則嘗餽魚矣特吾聞之澧有濡魚亦有鮪魚蒸之餽也命一介以羞不腆謂不以小鮮之朱更煩大夫之操刀而孰意其不以殺而以生蟞于是有為是魚幸者即有為是魚危者幸夫離于網者未即遊于釜得緩須臾毋死猶愈朝遊于江湖蕃調于鼎鼐麾夫頳其尾者且將去其乙雖有一息尚存行見入庖人之手佐君子之甘旨彼餽者之意欲予產生之與抑殺之與如欲生之則如勿餽亦既餽矣如何復生且也舜當日之

（岩、出、生、字）（句法工秀）（仄澀）

倉廩乎乎既充傲弟之腹豈今日之鱔鰱鰻鯽必蒙賢相之恩當日以漁于齋澤之聖人而家雖頻仍幾索于枯魚之肆豈今日（語）自鮫師之一物而清波已遠猶與夫同生之愚魚而有知憂與（遣而入妙）與不知大夫之將殺已與雖然天下死生何定之有以舜之而復得生豈魚之尚生而必致死且也（妙）子產惠人也夫豈惠一而獨不惠于物乎獨無如大夫既欲其生而校人又欲其死也

突然一句無論與上文況弟憂喜等情不相入即下文烹舍等意亦不相粘文偏能映入章旨從生字上激射下文視一末以點綴為生活者工拙相去遠甚

會課

昔者有饋生魚於鄭子產　十六句

山陰　劉文蔚豹君

述鄭大夫之逸事。知者無失其爲知也。蓋生魚受烹于校人。而反命之辭。又何其宛在水中也。信爲得所。豈遂得謂子產之不知哉。孟子因萬章僞喜之言。而引子產之逸事以證曰。古來稱大知者。舜以舜之知。而有時愚于其弟。豈真舜之愚哉。雖然以舜爲愚者非也。以舜爲非愚而貌爲愚者。亦非也。夫古今來若此等事豈少哉。昔者子產有之矣。子產相鄭。孰不謂知。而忽有以不知識之者。則獨一校人。其見戲于校人奈何。生魚有饋。烹之可耳。而子產必使畜之池。夫畜之是也。見其[illegible]見其死。蓋欲萬物育[illegible]

會課

所之樂而始轉之清波一畜池[illegible]之可矣而校人乃竟烹

其烹之固也生而致死亦可以死而致生蓋彼意中早擬一得其

兩邊扣

題

所也形而因果其口腹夫子產知者也而校人敢以是嘗何也夫

共立可欺以方之案都在校人意中摹寫使不犯手

下耳受者雖不如目擊之真而巧構形似即可曲傳一難狀之情

雖善疑者亦將渙然心融而況逆億之不事天下口述者雖不盡

心藏之藴而動吾六機遂若畢獻其無私之悃即爲外者亦將怡

然想解而況予諒之獨深此校人所爲决計焉而即欣然反命也

方字

圉圉之狀始舍者固如是也少而洋洋逝而攸然魚之獲遂于圉

圉之後者誠如是也得其所哉宜予產甫聞之而色動神飛也哉

得其所哉肎于產徐聽之而忘得意滿也哉何校人狡詞以出
而以不知獻識也烹而食之雖已為校人腹中之魚而圉圉洋洋
則固不失為子產目中之魚也（可歎）烹而食之雖僅得校人口繪之魚
而攸然而逝則固遂得子產意中之魚也得其所哉即微子產有
不脫口而出者哉得其所哉即在校人有不心擬其然者矣是何
也方也即道也校人之欺子產則象欺大舜之故智也

議論夾敘事而行仍只完得一重公案其于題也安排而去化
豈特裁縫變耶

昔者有饋生魚　所哉　劉惇典

言者僞而闇者喜得魚生意矣夫饋者生魚則猶有生意也乃烹之而僞曰生之子產能不深喜其得所哉孟子皆謂子今以舜爲爲喜非喜者僞而所以致此喜者僞也天下事有出于倖變奸人每逞其機心而言適合于本懷賢哲動關乎樂意以僞嘗而以喜應徃而是矣盍觀于昔者昔者有鄭子產惠人也以愛物為心者也今夫心乎愛物者恒于將殺之時寓好生之意而即于好生之餘極樂生之情生魚之饋宜乎子產之有後命也齊考子產為政殺一人刑三人而天下服所謂猶以濟寬者復何有于一魚而

必畜之。明愛哉。雖然，學士以仁心為質，故忽焉小物之當前，不覺愷惻有加，而自動其矜全之念，而萬物以得所為歡。即偶然枯槁之在目，不覺愛護倍至，而欲還其游泳之天。其使校人畜也，固不忍魚之死而欲其生焉爾。且夫物之甫危而即安也，情可以意造，亦可以象求。方其始，幾瀕于死，亦困頓難舒耳；繼焉漸復其性矣，稍遂其天矣；又久之而相得倍歡，躍躍不自禁，且莫窮其所如。凡物之情類然也，何獨生魚。然則子產當畜時，早有一圉圉洋洋攸然者之栩栩于子產意中矣。乃不謂校人不惟不生之，而竟烹之烹之矣。安有所謂圉圉也？安有所謂洋洋也？安有所謂攸然而逝也。校人則善于言生魚矣。自平日之所見聞聞也。而果以聞聞告自平日之所見洋洋攸然也。而果以洋洋攸然告其情逼真。其訓究肯即子產臨淵而觀應亦不過如是矣。而後知生魚之果一生魚也。則安得不重嘆其得所也哉。嗟乎生死無定恒視意念之轉移真偽何常。每假情詞之豈拗。是故子產能愛物豈能料此魚之必無生理而預設以成心。子產能聽言豈能料校人之必為飾說而遽施以轉念仁慈異用心術攸分。居事之難以逆料者多矣。而何疑舜之于象

四面包括句句相生不斷

可歎奪民意

總况二筆朵折

古藝紛披

以神運題力厚思沉皖皖無刃迹圓圓類天成不犯柳州剽而不

考卷考瀾集 　　　黃　育　　　五十六

留之謏　阮蕓卸先生

波瀾層折動中題竅華情與書味婉轉流溢是為一片神行郭嵩

堂

昔者有饋　一段　　潘樹枏

好生而被謗鄭大夫之遺事可考也夫畜魚一事而僅生於校人之口子產智不及此也雖被校人之謗庸何傷嘗謂之生而致死之不仁而不可為也之死而致生之不智而不可為也然而致〻之恩仁者弗棄所以廣惠察〻之明（短韵後絕）智者弗事所以忘機蓋仁可過而智不可逝昔者鄭子產之事可鑒已夫子產仁人也亦智人也是故牛羊之奉贍千古所未見饋問之遺亦近世所時聞置之死地而能生者一家之變異之惡何必不行于見不忍其死而亦未見其生者人心之險詐之貪何必不肆於上吾於是不得不就子產畜魚一事而究

觀之夫魚為子產餽則子產為政魚為校人畜則校人為政魚之生
不生亦可知也子產何不命庖人而命校人乎以其生也故校人
如斯飛潑清淑滴之能事
未烹魚之得所乎子產意中事也即校人既烹而魚之得所亦仍子
跋對縫法奪出
產意中事矣魚非池不畜則使者為政魚非畜不生則畜者為政魚
之生不生又不可知也校人何不賦潛伏而賦釜鬵乎曰是可烹也
以產以為得所而待人之意中久懸擬其有是言也及子產信其
如聞
得所而校人之意中乃得自幸夫售其言矣然則子產其得謂之智
乎其不得謂之智乎使穎魚之必死而不畜則古今安得有仁人
如去來
預知後之必烹而不敢逆億亦終非智人也可欺以方子產

豈偽喜者乎。

派別微近竟陵。以此仙韻。勝彼鬼才。

昔者有

潘

潛志齋辛未小題選　　下孟

昔者有饋　一段（下孟）　潘樹柟

第十九冊　卷五十六

直之輔之

揚華集　彭大齡

直次於匡而勸戒全、皆所以輔民也、夫以直次匡而戒之、倍嚴以、以來次勞而勸之也、輔民之教、不已可思乎、且顓蒙之誤入歧途者、大抵不能中道而立耳、惟制行不緩於立心、朝廷更廣其教化、斯改過同歸於遷善、草野乃免於頗僻、則徵其行之多戾者、正求其立不易方也、如司徒教民長善、既勞加以來而救失首在於匡、夫匡之以正民心、固欲盡輔相裁成左右斯民之責耳、然天下亦有心無不正、而行猶倚於一偏者、則輔世長民者不可不有以直之也、論弼直之義、則夾輔尚焉、茲本正君者以善俗、可勿為民繩糾乎、夫復其生理、愈能格其非心、此亦如

長善之教誘掖更詳於獎勸矣論直溫之德則匡輔重焉茲本
敎胄者以化民可勿為民矯枉乎夫戒其詖行尤足儆其妄念
此亦同成美之意慰　且繼以招徠矣今夫直之為教固甚切
於五倫者也直在父子則有隱無犯直在君臣則有犯無隱直
在夫婦則倡隨不流於狎暱直在長幼則先後不悖於天常直
在朋友則忠告不習於便辟舉前此之為勞為來為匡殷殷於
戒用休而董用威者至是而並合一轍其孰肯立於人倫之外
而不立於人倫之中乎蓋教以直而全固皆所以輔之耳儻曲
直未明遽欲左提而右挈則民之敘我彝倫猶恐難化其偏倚
迨以直濟匡而大其糾虔非特以來濟勞而鼓其志氣然後革
故者並能鼎新而輔助乃不留遺憾儻直枉未分彊欲救弊而

扶寖則民之惇乎教典猶恐或奪於外誘惟勞繼以來而善者益勉更匡繼以直而惡者愈懲然後時雍者咸知於變而輔佑乃見其周詳其輔之也以直之督責於匡之後實由以勞來而倡率於直之先也民亦孰不特立不同乎

勞來是長善之教匡直是救失之教輔翼繞上兩層題既截去上下講題首宜先補匡之次補勞來方與題尾配還題尾宜先帶直之次側補匡與勞來方與題首配觀此可以隅反

直之

王茗集　劉兆全

教有利用直者欲民不終於枉也夫任民之不直則將悖乎倫矣此放勳之命契必以直之爲兢兢歟且夫有直而無枉者本然之性也有直即有枉者後起之私也去其枉以歸於直者善教之方也古帝因性牖民盡其矯揉之術而力爲之繩職是故耳如放勳之命契繼勞來而復曰匡之不既有以救民之失乎夫匡之以去其邪耳乃有未至入於邪而爲邪之所由兆是蓋所謂不直也彝倫之攸斁必自此始矣匡之欲返乎正耳乃有未甚悖乎正而爲不正之所由發終難免於不直也彝倫之攸敘亦復何望矣蓋大難初平而典禮未惇固不妨委曲以誘然

艱食方奏而風聲未樹何可無矯枉之方直之之命何容已哉秉靜存動直之理固已本根充實有發榮滋長之機然或天全而畀之人背而馳之直者有時而忽枉有以直之則自無鬱而不舒之情天秩天叙期於必達而不病於固雖因物有遷要皆返乎生理本直而已矣生蕩平正直之世亦既欣欣向榮有暢茂條達之勢然或舉世遵而循之一人曲以避之衆直無解於獨枉有以直之則必無屈而不伸之志人紀人綱循理以行而不由於徑雖從厥攸好要皆俾之其直如矢而已矣直根於質而忠孝發於樸誠養而無害而不使之漓故日用飲食非作而致其情也直本於易而愛敬歸於和順因勢利導而不使之苦故事親從兄乃油然而自生也譬彼洪流汎濫至於肆出直之

而支分派別。自無遷折之憂。若厥疆里。阡陌豈有定形。直之而為縱為橫。可無越畔之慮。其在五行之木。曲而有直體。而放勳之誘民。剛以克柔。繩曲而必使之直。其在坤德之純。直內而方外。而放勳之迪民。順而有常。既直而自無不正。向使匡之而不能直之。是猶不用斧斤。而欲撓曲直枉也。豈可得哉。

雅切不移得先輩以題還題之法

直而無禮　於親

汪虞炳

貌情皆乖其常則激切非所以厚親矣夫善處其直原不獨為親
計也而絞已甚矣盍觀君子之所篤乎且三代皆行直道而我（地）（榆遒如天成）
周尤重親親凡其並行不悖者以之敦一身即以之睦九族也乃
流至性於激烈必難善用其情而悖至情于家庭早已克端其性
倘率天真以入世而不復有纏綿之雅以樹望於人倫則學三代（融洽無痕）
非有餘而從厚遺亦不足矣恭慎與勇既非禮不宜矣試更驗之
于直剛方為君子所尚寧不足以挽頹風則緬懷遺直有學而至
親而不恤歷數其三罪者舉舌之流徽未邈之任情一往史書特（跌宕風流）

表公忠初何嘗以有愧亢宗太息而傷其激烈節亦君子所崇寧
不足以維末俗則表爲司直有大義蔑親而不惜假手於讎者（天然妙緒）
衛臣之介節如昨也率意孤行當代非欽標概初何嘗以忍心乎
記感憤而癖甚 要非所論于直然無禮者竊骨鯁乎委曲洵乎
禮至不爭而剛愎性成者一若涉隱無犯之文爲天親計非爲慮（清妙理川）
世諜也下流訕上絕交著書遺在肆共詆觸則不渝雖賦何容截
檄鄭風消息切於和平誠哉衽必有讓而孤峭獨矢皆一若父攘
子證之舉我施尚爲抵呵陌路何妨指斥也盛稱節概崇尚抗顏
安見曲爲回護則如矣雖欲豈得並理衛史無禮之練如是猶得

曰直躬而行有古君子風哉苟能以和厚節矯激之偏則[illegible]越行朱一室之易入世周旋為寢門聚順復何難消其徑遂而融洩洩繞膝而索乾闌之衣巧不以陷溺融翅切之跡則諠雜天屬何殊人合也即家庭聚處側人也應酬又豈能化厥乖違而整老父兄行葦而雲牛羊之踐直而無禮豈復能篤于親乎則為於親者微君子其誰與歸一王道于正直苟族姓有僉人未可姑息養奸然為親者諱禮明明其告我矣故東山破斧雖侃然無所依違而大誥有書不闕明著三監之惑則直遂中正多委婉也況龍光譽處膏湛湛之露者更不止諱惡有其文也躬誰不秉直苟至

獄有棄材亦必嚴加教誨然父子相隱直明其在中矣故世子可抗亦殺然無所頓恤而矯梓啓悟不開顯著三撻之由則亡致中正多曲折也况幼子童孫咏綿〻之俗者更不惟義方有訓篤親如此君子亦何敢狥其直哉况以禮節之并不獨吾其直哉蓋德遂在性情則雖伯叔兄弟吾全有術而彼必將曰吾何必然失其為親而綱紀在倫紀則雖弱枝殘餘疇上〻書而居子必曰爲用血狂夫以沽直耶周道親〻著化而民仍不失三代之直也

以吾輯臨醉成文不謂以初入靠塞發哉乎限于此等題用之

金德懷

抱關擊柝

職有居乎卑者適得其宜而已夫抱關甚卑也而稱職較易為貧者宜居之敢辭擊柝乎且國家設官不廢庶司士人洋爵無嫌下吏非以願厲之既遂可為抱膝長吟地也傾受祿取其不誣而奉職尤期易稱則所處雖同賤役而君子以為投閒置散乃正吾分之宜耳試述卑貧之所居果何宜乎勵河干之操不妄邀嗟食於天家則三事之榮非所慕矣而於朝於野之外豈遂素餐棲衡門之心不甘歌樂饑以終老則半通之綬又所需矣而非潛非見之盛仕隱我為計

以抱關擊柝而後可重閣建險以時啟閉

彡合大韭根之稿　垂手　欣對閣

司送迎者周　俞藏之故閒尹鐸徵然受位於王郎若

曰卄梁之修阡界我而守其地則雖非郊圻之畫亦猶保障之寄

無容廢職矣重門擊柝以待暴客其所以衛往來者先王寔重之

故行夜雖勞不容怠職於公家若曰晨昏之豫戒任我而餘其時

則雖非刁斗之嚴亦猶宵漏之儆不病曠官矣雞鳴函谷豪截貽

闕崎嶇即次之旅殊多不測而長吏務以譏察之非不可很其材

也但不至以四郊之多壘均分取侮之謗則監門以外無餘事耳

封人請見晨門詢宿風塵物色之下大有偉人而小臣得以循訪

之末當或枉其道也但不至以封守之慎固代為越俎之誅則鳴

柝相聞已報最耳一介孤臣當風雨之如晦而靜聽柝聲之斷續（情詞悱惻悽然動人）則淒涼倍見應與籥翟之秉執共寫幽愁升斗微糈值夙夜之不遑而動聞閭閻之出入則饔飧聊給差異北門之終窶致僂交謫夫士之屈伸無定安知抱關之異日不貴顯當途也而親老家貧則擇官惟茲可安抑士之行藏有待安知擊柝之他年不陳書北闕也而啼飢號寒則食祿惟茲已足此為貧之所宜也孟嘗觀孔子

總四比具有賦心是為才人之筆宗伯先生嘗云文情善感於之

文取較文稿　章千　欣對閣

抱關擊柝

江南鄭宗師科入
長洲縣學　朱景頤

職有微而易稱者，爲貧者所宜居也。夫職之微者不一，若抱關擊柝，則居之甚易稱耳，豈非爲貧者之所宜歟？且夫身居下位，有志者羞之，乃值時未可爲，此志能無少降乎？故跡同仕隱，而祿可代耕，雖未得展其才，亦姑以安其分也。則辭尊居卑，辭富居貧之所宜，不誠有在歟？士人抱負非常，豈不願處尊榮之位？而窶貧堪歎，必思所以安我閒散之身。君子躊躇時會，業不克致平治之隆，而寄食天家，必思所以寬我素餐之誚矣。不有抱關擊柝乎？晨則司啟也，暮則司閉也，職管鑰之勞，受小官之俸，以居尊富者臨之，且謂惟所指使耳，而爲

貧者正宜藉此微末之秩以紓俯仰之憂盍夜而始行也曉而始息
也任徼巡之責分升斗之需彼居尊富者視之猶是輿衛之屬耳而
為貧者不妄祈優渥之恩且安此驅馳之素矣彼其風塵擾攘之間
往來接踵而譏察無敢偶疎以視泄泄開開之輩固尚有間矣而寄
跡是門置介沉於勿問其職不易無負乎彼其向晦宴息之餘畏行
多露而告警不容暫休以視寤歌寐宿之儔固猶有殊矣而托身司
寤付理亂於不知居之不易無曠乎故盛朝尊顯士類恆於側陋之
賢處之以不次之位而渺茲末秩矣堪屬公輔之材而君子置身下
吏總於華膴之遇視為非分所宜而暫博微稍聊以供朝夕之奉函

是推馬委吏乘田其職雖異卑貧則同也孔子且居之矣

寫題面而題情兼到則無愧於為文矣 曾仕勛較

抱關擊柝

江蘇霽學院州人
吳縣學十七名　金桂枝

舉仕之卑且貧者，知所居之不可苟矣。蓋仕至抱關，卑且貧矣，而擊柝則其職尤易稱也，謂非為貧者所宜居哉。且國家懸爵以分職守，而閒散之地，每為玩世肆志者所托迹焉，此執籥秉翟之詩所為咏也。若乃有為而為，雖賤且勞，亦儒量而後任。蓋挾持微似碩人之簪裾，而俸入依然在我之鳴鐘矣。辭尊富而居卑貧，為貧者之所宜，果何在乎。三槐九棘之列，半居夭室；屏藩等而下之，儕壞亦須戍守也，而非潛非見之間，位置何敢嫌下吏。印綦綬若之班，顯樹王家，捍衛降以從焉；偏隅亦待徼巡也，而非野非朝之地

從尊富映切題面

映擊柝從不

夙夜亦堪効微勞則庶幾抱關者乎身倫封人秩同司窘而風塵執掌聊為匏繫于一官抑擊柝者乎畏行多露倚跡重門而刁斗森嚴常聽漏報于五夜一周官三百六十何者是咨人坐嘯之地受若職而忽若事負乘之所為譏也而抱關者無慮此既不類蘭廊坐鎮致重譯于叩關將禁異服察異言而遠為望者近為守即以當未史之告成寔煩越俎而謀也蓋東方未明不遑寢息無冀為官之拓落矣朝廷一粟一絲何者是為我虛縻之廩食非祿而忘其報公餗之所以覆也而抱關者無慮此既不獲鸞佩鏘鳴當未央而赴闕將戴星入戴星出而明則動者晦嚮休則以當徹臣之

（工惟軒豁霞舉氣宇不凡）

（抱並亦與題向映切）

（神法未易即）

報最無復當途之責也蓋胥征盡庠罔敢棲遲抑亦受祿之不誣矣吾思嬴秦踞函谷之雄（高談雄辯遊進）莫禁雞鳴食客荊楚設昭關之險難防橐載逋臣抱關亦殊有非常之事耳然倉猝之詐覈罔料而晨昏之啟閉維嚴此暴客之待所以繫于易象也（收足其職易稱）撫斯柝也終夜有儆遂屬吾圉可固關尹留心道德遙瞻紫氣下東來夷門藉手英雄爰却強兵而西向抱關亦大有非常之人耳然筮仕祇求其代耕而長才何妨乎短馭此司閽之設聊爾隸于司徒也（收足為貧宜居）藉斯擊也半通可縮豈曰壯夫不為試觀大聖人為貧之所居亦有異事而同情者

若但云位卑祿薄其職易稱竟成全節話頭亦與委吏乘田不

其分別矣縣貼題面上蒙下注摘藻揚華斯為虛寔並到濮

張點

抱關擊柝（孟子）　高顯宗

抱關擊柝　　乙丑　高顯宗

關吏亦可為、、貧者所宜居也、、夫官抱關而司擊柝、、雖不言祿、、
無弗及也、、吏而貧乎抑貧而吏耳。周之設官三百六十。類奔走
宮府中乃又有蕭然郊垌稱臣者夫野廬亦云掌矣。亭津亦稱吏
矣準此而半通皆隸仕版特負異者當之不肯祿、、作上官狀耳
遙射道不行句。側、
若為貧者果何宜哉貧也原非病彼歌聲金石之內大有筌綸離
影射未節作關
伏關可也奚僅一行作吏也乃貧寠難為工而啜菽飲水之餘別
抱轉為貧作合
無長物將升斗可也何必不習為吏也則試以抱關擊柝者言之
仕不登要津難言功名平日許身稷契而猥以末秩孤懸畢乃公

道科房行書菁華　孟子　下卅三　浣花書屋

頃壯　陡轉　拓基閒流

事殊短盡英雄氣矣然而富貴非願意亦安之古不有寄身閒興營情末繹者乎胸懷絕世之識而世初無賞識之儔則逢累而行亦安往哉至於道德可歸姓氏猶從官邑夫亦窮愁無賴卑附青

滔乘生色

雲而始顯耳此事豈職司管鑰者所常遇乎官不事其事更嘶覆

仍投合本分

倏居恒失志報稱而僅以倉皇四境勤劬宵征大夫宰如是耶

二証天然私只在宜心宮漫

無如職守既賤事亦因之古不有暮年寂寞托跡夷門猶予躬負過人之奇而人不以奇士相待則得所藉手亦云從也厥後公侯引巒談笑而卻雄兵夫亦士伸知己聊見薄吏之一班耳此意豈

從早言高旨別

監門啓閉者所樂效乎然則將以仕隱乎非朝市亦非山林顯與

狗皆吾意外也夫落寞一官誠不如鳳舉鴻冥之高蹈然苟非餬（又用拓）（抱轉來）
口無資何至困抑若斯也秉翟公庭羞言錫爵此不獨抱關擊柝
者悲也夫豈隱而待招者哉抑以為試吏乎不可為而仍可為廉（與股頭一綫）
與貧均非吾分也夫藏器有年詎不思錯節盤根以自勵而第以
養飧是傾偃寧閒散為安也庖人不治越俎而代此固非抱關擊（承節兩層都隱隱相涵）
柝者責也夫豈試而乃可者哉嗟嗟厠名仕籍而一飽可期寧曰（收足為貧）（收倒地位）
此其家不貧乃才堪長駕而羈跡重門洵是賢者不可測蓋辭尊
富者其所宜居有如此

以緊顧為貧作正脉以反照行道作波瀾非不感喟激昂却自

近科房行書菁華　孟子下卅四　謝開擊析

按定本位。抑揚淡蕩。嘘氣成雲。王罕皆先生　高

玉先生之評至矣。若妄稱才情。不歸部伍。真不堪一吷　殷會啓

抱關擊柝　　張嘉瑹

舉爲貧者之所居亦得其當而已夫抱關擊柝卑且貧之爲矣而爲貧者宜之豈以爲非是則不稱耶且君子不幸而生不逢時至以朝夕之需仰給在官迹其所處有大類于辱身賤行者之所爲而君子當之間自以爲其分應爾也（數○轉○直○穿○）吾思居卑居貧者之所宜亦甚難乎其宜矣夫居卑自不得有薄乎卑之心有薄乎卑之心則以爲不足榮而居之不安矣夫吾之居之原非以爲榮也（呼○醒○爲○貧○意○存○）則津梁之守未始非策名天府者也居貧更不得有厭乎貧之意有厭乎貧之意則以爲不足贍而居之不稱矣夫我之居之原不期其贍也則升斗之糈未

歷科小題卓編　下孟　　紹衣堂課本

始非受祿公朝者也有如抱關擊柝者乎則宜者乎先王待賓之禮甚厚故以往來之勤屬之閽人而擊柝以衛之則亦齊迹最多已耳夫豈有三德六德之殊其雖乎然以饑寒切身而又不得假道以求合則何如綴各府史胥徒之末而以其暇滑屬目天下之各賢其出處諒亦則當世之所深求也先王詰奸之制甚備故以出入之司付之關吏而擊柝以嚴之則亦防禦綦密已所夫豈有一命再命之異其等乎然以身當貧困而又不能餬口于四方則何如混迹市師伍伯之儔而以其閒得徐審天下之治亂其偃仰度亦非吾黨之所大辱也吾嘗讀簡今之詩而知優伶之賤有不得志之賢人然以避世

□謂奪偪牟之事雖關津之守不易王公設險所以
愚詳國非徒轄柝關者如為貧也第伺察非常干冦盜無
盤充亦可第小吏之責矣雖刁斗之寄非輕虎賁備斷[illegible]
修者至喻夫寧專倚辭柝者如為貧也苟分毫設[illegible]
受安亦可免辭富之譏矣彼辭尊辭富者若之何[illegible]
緊抱為貧反躬行道義無泛譏而詞旨雅令啟由書味在腕

抱關擊柝

江南鄭宗師科入

長洲縣學　程正儀

審所宜而及關吏、為貧者可無辭矣、夫仕而至抱關、罪貧已甚、然獨不曰以為貧乎、雖擊柝庸何傷、且朝廷設官分職、微員下吏、各有專司、而祿必及焉、匪徒責其報稱、亦以卹其身家也、士君子擯不得志、聊為朝夕之謀、則苟有可就之職、即有應得之稍、何必曰薄秩之難堪、不如家食之自適也、（從此說入能不遽上）為貧者之所宜、果安在耶、夫其棲遲衡泌之間、困諮歎於窶貧矣、幸來通之可綰、何妨寐冥下寮乎、然而托跡伶倫之屬、又傷心於猥瑣矣、嗟一命之能膺、豈必求工齎翟乎、（筆情亦適）其惟抱關擊柝乎、夫此抱關也、出入非車徒、往來鮮冠蓋、職僅司夫刀斗、惡

能躋官牧之班卒徒之為伍晉旦之為勞身不離於關津猶差免與
臺之賤是故授管鍵以時啓閉也固異於劇職之難支彼楊孫之戍
才○思○紛○起○
鄭費啓潛師大伯之司閽名高兵諫夫又何足羨歟掌節傳以譏出
入也自儕於冗員而易稱彼魯守鹿門莫拒臧孫之出走秦雄函谷
鍾○比○相○接○神○似○先○輩○
忽來齊客之雞鳴夫又何足慮歟非不知為保障為繭絲才畧或其
所素裕而無如朝不坐燕不與當關聊以倫非當蘊星而入藏星而
出稽其啓處似類於居尊者之靡遑朝於斯焉暮於斯焉任其俯仰
不○能○為○貧○詞○警○語○焉○
亦同於居富者之優遊謝凄涼之情況轉為當路之司門則對斯柝
也其殆有夷然不屑之意乎我知其悲憫之懷將於擊柝之下寓焉

已一祇微末之小臣獲守一方之筦鑰則撫斯柝也其殆有恬然自得之樂乎我知其嘯歌之雅將於擊柝之間傳焉已倘能樂天知命可無愧西方之美人即或守道安貧已早異北門之賢者為貧而仕含結亦適兆此其誰與歸

鏤金錯采玉潤珠圓

瞿幽毅

抱關擊柝

江南鄭宗師科入
蘇州府學二名 程錢鳳

設一職之易稱者、爲貧者之所宜居也、夫抱關馬耳、擊柝馬耳、忌是以云仕、而爲貧者之所居、則有非是不宜者、且先王建官、各有專司、自古三事大夫、亦嘗夙夜匪解矣、然既列爵頒榮、寧猶以朝夕勤勞舉乃事哉、若其身托處乎閭閻、而職專司乎啓閉、操諸代耕之義、雖非祿之爲懷、何妨鬱鬱爲此矣、如辭尊辭富者、必何如而後爲所居之宜哉、既不得躬齊民社、寄管鑰以專城、則必有聊取夫卑與貧之秩者、而晨夕思以自効、又不得身爲挾事權、語奸黨以弭亂、則必有求稱乎卑與貧之職者、而啓處有所不遑、將爲抱關馬、稽不時而禁不物略同於野廬之掌而授莞監門蕭然執禁司牽隸職於司徒將為抱關而擊柝焉（宛然）儆晨行而禁夜遊幾等於司寤之官而聲傳待漏（猶是）肅宵征亦復分勞於司爟且夫閽關之令詳於易象觀上達乎天時必下盡乎人事抱關者能自荒其職哉受若祿而任若事不得高談也隱矣重門之制用戒不虞顧立法以經內外必隨機以享晨昏擊柝者敢或儳於勤哉食其食而不與其憂幾何不自類（其偽）其行矣古之為關也將以禦暴先王誠有深意焉而此一擊也雖無禁暴戢邪之術而亦有異言異服之譏今之為關也將以為暴居官者尚可問耶而此一擊也聊藉晨餐夕膳之資而初無漁奪侵牟之事雖關柝之

守不易而王公設險所以經畫者甚詳周非徒藉抱關者如爲貧也第伺察非常而冠盜無虞充斥亦可謝小臣之責矣雖刁斗之寄非輕而虎賁宿衛所以綢繆者至備夫寧專倚擊柝者如爲貧也苟分星設禁而閭里得以晏安亦可免鰥官之誚矣彼辭尊辭富者居之不亦宜乎

緊抱爲貧反照行道義無泛設而詞旨雖令故由書味在胸 原評

雋 翟 幽 穀

林屋洞賦　以石室銀房金庭玉柱為韵　　陸以烜　庭午

六鬱雲凝幽巖嵐積攀縹緲之高峰訪仙靈之遺迹蘚落ㄑ
之長松矗森ㄑ之列柏石門天際霞光連樹影俱清林屋洞
潸岫色映泉流共碧緜歲年之久視萬古星霜離朝暮之孤
吟千聲絲石懿兹靈區允稱與室皴纖潛珠龍鴟藏橘周駁（巾、與、室、生、新）
跡回謝屐齒折巔崕崒嵂踰竹塢而迤邐潛通竅穴谽谺入
洞府而崎嶇疊出既紅塵之遠隔非復乜間宜綠字之紛披（接、華、逸）
還留仙帙一曾深探乎邃宇亦載遣夫丈人剪枯枝之橫枕芟
細草之鋪茵匪文叔之托居金粟爭傳盈握等漁郎之返棹

桃源不至迷津翠滴層巒自成翠液丹留古井暗鎖丹鑪然獨則光分峭壁捫險而足躡幽垠始焉淺臨未任迴翔徑盤盤兮彳亍春靄々兮芬芳紅鬟髻鬟昔耶緣堦而酡變青陰（清流）晻靄女蘿而徯以雌張陟而扳援稍息彷彿有光露一線之天作呈曠朗疊三重之户不盡清涼何知宇宙之寬梯邊凿磴別有乾坤之大壺裏長房爾其皎皎凝寒座如琢玉擁々映彩堂似鏞金遺古硯于空床詩墨痕之濡潤得素書於淨几任劫火之灰沈志前王檇（音敲）乘之艱據馬而心驚蝌蚪印後（忽泝淵遠）聖壁塗之兮披文而目溢璆琳爛兮與岣嶁而並著[illegible]戴通

林屋洞賦：以石室銀房金庭玉柱為韻　陸以烜（庭午）

禹穴而難尋。乃若人語散乎瀕洞，石響激夫玲玎，岫疑簫動。

（鬟○奉○負○聲○接○切○不○得○言）

氣帶龍腥，蝙蝠紛飛；鷺起展霜毛之白，異蟲爭攫撲來消松

炬之青。晴時溜雨，晝日疑冥。宏輸地脈，靜啟天扃。斯閬苑仙

（倩）

都於欲界，匪直擅勝迹於洞庭。所以遨客高瞻，騷人蹤躡，盤

（中○異○、○中○情○真○勝○內○幾）

胸於三萬餘頃，滄色天風；決背于七十二峰，長烟古木。山靈

無恙，石公抱婆子之府；仙女來乎，藏宅問綠華之蹤，重逢嬌

（周○奏○白○雲○玉○事○山○鎮）

（藏○穴○林○屋○洞○人○宅○址○錯○再）

首夫瑤臺，相見嗣音于群玉。採靈藥兮可長生，遠世網兮何

如接

（星宇）

羈東脫屣兮歸今，抗懷兮追古。雖洞天福地之常存，看覓錯

（嶺○響）

神鍰之如許。義磵面樓閣，呈百尺之縹緲；巘北連窒，作半空

之柱削成歸造化奧賾碧甃參差匠巧斷工琢何畫文梁交
柱將數秀表
皇朝之瑞砌產金芝亦凝真液
聖世之祥寶流鍾乳何怪蛇蚹遍蹤以遠逝鶩鶴聯群而迴舞道（兩洞庭無毒蛇見姑蘇志）
經則緜為幽墟靈威則竊其步武入抱朴之丹笈并蜿寥家（庭轉禹書來路彌王）
紀桑欽之水經人誇神禹也哉
律賦須律遠蘭成看枯樹小園江南等作心精詞綺紙上
有稜比來訛舛殆白日欲曛矣對此覺精神頓生　二山
林屋洞　陸

雨我　　驪海集　李延祉

述詩人之詠雨我意甚厚矣夫我者親之之辭也詩人詠雨而先曰雨我其意不甚厚乎且天下最切者莫如我農夫而祈甘雨固宜一矢口而即曰我矣乃意不遽屬夫我而辭若專在夫我一時顯天望澤不遽屬夫我而即曰我者謂固猶夫我也若專在夫我而先曰我者語更急於我也一如詩所詠雨我者是夫雨則雨矣其必高瞻遠矚而先曰雨我者曷故意苟有所尊崇則膏澤之施何遂以我祈上帝不知所謂我者有析言亦有統言也詩人將欲分析之而因先以統同者見尊而兼親之誼則發語彌覺近情矣心苟有所畏奉則甘霖之降何遽以我告彼

蒼不知所謂我者有單詞亦有連詞也詩人未便單稱之而因先以連綴者見畏而兼愛之情則屬辭不嫌過昵矣於是當杲杲出日之餘而屬望之曰雨於是當祁祁興雲之下而區示之曰雨我非撫躬而自謂也而矢以内念之樸誠則所見有無非我者非反己而自承也而一本於中情之篤厚則所指有不外我者以祈求之誠意託吟詠之深情遂仰天而呼曰其將慰我以雨乎我未敢邀貪天功也則盡先雨我躋堂曰彼稱觥亦曰彼本此意以矢吟則宜言雨彼茲何不言雨彼而言雨我予念滂沱之將沛而懷新有象以為此離離者非彼黍也而概以我屬之斯即天下一家中國一人之盛治矣而詩言不可首述歟彌性曰爾受命亦曰爾循此例以致詠則宜言雨爾茲何不言

雨爾而言雨我乎念露足之可懷而待澤方殷以爲此厭厭者非爾苗也而悉以我稱之斯即親不獨親子不獨子之休風矣而詩意不可先繹與何也蓋詩人固意在公田也繼之曰遂及我私周之用助不可知哉

手敏心靈筆曲而達

事君盡禮　一節　許獬

聖人有維禮之思而慨其昧之者焉甚矣禮莫嚴于君臣也盡禮而
以為諂其如禮何哉夫子慨之若曰禮也者先王所以明統紀昭分
守也敬共者用之以盡分而獻諛者溢之以徇君禮與諂寧無辨哉（剔析明白）
頌論禮於禮明之日則令共事使事有常經而禮與諂別論禮于禮（上實）
悔之後則侵上凌尊習為固然而禮與諂混矣故我之事君也念天（有六第）
地也定位恒君尊而臣卑堂陛之大分非昔有而今無禮之所是衆
亦彌從禮之所非衆從獨違而登降出入不敢少自越于繩墨之外（輕帶下句妙）
墨當如是也而世曰何為是拘拘者為諂而已矣畏君之

論語　續古堂

礼而入敬君之命避免而趨而細微曲折不敢少自外于禮法
之中夫亦禮法當如是也而人且曰是何爲畢畢者爲諂而已矣以
臣子翼翼之小心而反與便辟者同諂媚之誚蓋冠履之倒置有自（有感慨）
来矣人固習于簡而忘其簡也而是禮非禮孰能辨之以大廷耳目
之難揜而竟使盡禮者蒙逢迎之訕蓋名分之不明非一日矣人固
知有泰不知有恭也而以諂非諂又誰識之吁人言不足惜也其如
誼何哉

神清骨清氣定格定　湯若士

此節是慨禮之不明非夫子表白自己與鄙薄他人也文既覷定

事君盡禮　一節　陳兆崙

以盡禮為諂、無以事君矣、夫子之事君亦豈有過也、而人且有諂之云、可與事君也與哉、子若曰、事君大義也、亦與人共之者也、是（從論事君○大義則用一嚴正之筆）故見無禮於君者則逐之。（○拍合到自偽）誠嫉乎耳目之所不經、耳初不料秉忠（身○世則用匡旋之筆○　○直為古○白明夏係世）遵分而亦被謗譏、不能自明、如正今日也、貴賤既殊、何至上交亦（道人心○之概○抵○唱○高嚴○○○○○○○○○○○○○○）分異同、而人心有變焉、周旋裼襲之度、有何繁重而行之者怨生（○此○從○臣○面○說○來○而○以○對○面○一○歸○為○陣○舊○○○○○○）作容則以獨為所不為也、相率而背之、則反安之矣、時事雖非何（人○心○有○變○而○薦○　援喝○臣○為○以○為○編○小○數○提○根○株○）至臣道亦分風氣、而人心有變焉、脫略形迹之說、起於朝廷、而覘（○○○○○　○背從○對○面○說○來○為　○以○正○面○一○轉○小○數○○○）之者號為剛正、則以其人遊而亦邊也、相違而去之、則且詆之矣我（乞○為○此○為○視○羅○人○之○中○律○下○時○法○排）我亦不解予心之何以怵惕若斯也咫尺而臨之而惰慢邪慝之（此言精神之震悚）
氣皆不容自露蓋禮之以文爲貴者我不敢安吾素耳且夫肅敬（○急○昂○晉○而）
（思○低○徊○往○復○折○轉○出○所○以○自○見爲盡○禮○之○由）
之心强力之容倦怠者多在幾微則以予之不敏保毋踈澗乎有
（○上○句○一○逼○齡○張○便○非○聖○人○語○氣○轉從○下○句○擬○得○消○息○工○於○措○詞）
爲之相非相較而意中乃知爲情文之稱是則譏我者之釋我懈
（不○佞○吞○吐○法○妙）（此言儀節之周詳）
也我亦不解我躬之何以磬折若斯也憑軒而命之而耳目手足
之官皆不能自靜蓋禮之以多爲貴者我不敢援之節耳夙夫不（○意○奮○神○）
（○而○起○擄○慨○悲○歌○折○抑○出○所○以○自○明○其○盡○禮○之○由）
次之擺國士之遇身受者宜以何報而奔走於文貌詎謂已重乎
有爲之祠駭凡怪而轉欲一寫其區區之心是則諂我者之益我
（二○股○捬○題○句○開○闔○吞吐○長○言○）
過也嗚呼盡禮云爾豈曰諂之云乎夫俯仰包羅人臣所耻吾豈

陳百史曰若作慨世說易於成文此獨寬說人情只在事君不分推究人以為諂句無限微婉而慨世之意自在其中此題從未有及此者

荊石錫曰是夫子自語都似夫子泛論口多微詞中有妙理

永溪之文大段深沉澹遠神情之際令人悠然可思以為此等題自是南船北馬矣程子云孔子之言止於如此予曰永溪之言止於孔子之言也如此文必如此方不悖於白文無負於小註

別編曰公與鄒泗山葛二愚湯義仍以文聲倡起江右謂之西江四傑

東面而征　雲霓也　沈演

觀商師於所未及而民望殷焉夫兵民之殘也然且望之若恐後焉其斯為王師乎孟子謂夫王者有征無戰非第其力也人以兵失人心聖人以兵將人心誠當其時也商師何以信于天下哉想其以大天下而兵無輕試故以仁伐暴而師不留行在湯也師有所首加而必有所徐及者勢也在民也惟以其來為德而反以其為怨者情也先其東征而西且怨焉吾見其南征而北且怨焉若將慰心於人之我先而以為已歉也曰中國之有至仁而念彼置此何其偏也若將觖望于已之獨後而以為湯尤也曰聖人之無遺澤而先彼後

時字截住大旱句何云紋而雅　拱

最淨先勢

湯此等背口字

明大科　上孟

此獨何異也湯師旦夕先至則旦夕之塗炭紓焉故雖一緩急之間

而若民動後時之感湯師一日未至則一日之予惠賒焉故雖一先

後之際而不勝徯企之思以聖武之布昭莫不亦終歸宇下然業知

○以○時○字○眼○字○民○從○字○見○象○為〃氣○

然而猶以為疑者誠望之也望之切則擬之深延頸舉踵如將旦暮

○何○云○從○後○哉○緬○何○望○字○哉○清○下文

遇焉而湏臾之德化未霑能自慰耶以薦耶也表正豈不亦卒就觧

懞然明知之而猶以為憂者誠望之也其望殷則其憂延頸耳注目

惟恐戚頃緩焉而一時之聽睹未覩能自安耶以斯也望斯師也其

○季○天○從○於○情○婉○而○意○吠○鶯○上○作○

其與大旱之望雲霓何異哉蓋聖人感事有同天道之候時而小民

○與○霓○二○字○亦○分○外○出○色矣

望仁無異農夫之望歲民情如此惟皆信湯者深也蓋由此為政可

知矣。

情適真。詞通古。范光父

靈攄其數。徐布其勢。常留不盡。以振餘思。此鍊格之法。洪翊生

理致歸洪。詞華無一不倫。按其音節。悉中律度。舉業能事止矣。孚

原卷

布局措詞之妙。三評盡之。所難者尤其安雅之度。储名鈸

明文治　上孟

東里子產潤色之

弓獻廷　名二十

進三賢而觀命之成、知相臣之貴有十也、夫命非潤色無與成歟

終也、蕭子進而三賢之長益顯矣、相臣之才不兼重、且夫大臣

東國其所以爲上下而安全之、行德而已矣、顧欲行其德、而不

兼濟之以才、盡睦鄰本於修辭、繫國成享安全之福而無文起其

不遠、終事尤需華國之才、迨至和衷共濟、舊愛藏於一人、則才無

不全也、亦德無不備、而故里依然、猶令人低徊而不能置鄭之爲

命、若裨諶若世叔若行人子羽、既各具所長矣、雖然衆美固資乎

潤收情文、尤期乎交至、寄託在文藝、斯闡談每慮其無華、肆好

直省鄉墨

風是所聖於大雅也既詢謀之僉同尤必數之燭遲詎得以觀
悉具無膚昭明信乎教盟而修睦在強鄰則惆愊恐中其所感風
流文采所由重乎博物也既集思以廣益尤藉事以增華安敢謂
大畧可觀謀足光簡書於玉帛甚矣潤色之不可已也而吾於是
穆然於東里子產矣且夫子產之潤色也猶必資乎子了猶焉者
不資乎三子者焉人即多才必不能取己所未經諳練於紛繳焉
意乃稱而詞亦贍
而自擇雜見潤色者道在取諸需也哉謀野而謀邑需由更奇哉
博古而通今需其掌故然後取己成之局而數之以膏澤潤之以
文章適如乎人人之所欲達則一經藻繪亦需之所謂學古而光

亨也其肯泳者其光華以此羽儀兩國有不知其文出衆乎者只人既全才何妨取人所交相濟能者薈萃焉而獨闢新機潤色者義又取諸賢也出諶發慮者不能文賁之以素俊之飾古斟今者未能雅賁之以經籍之腴由是本規模之條而化乎道乃求美乎其闊文即以佐衆人之所未周則一加粉飾亦賁之所謂柔來而文剛也其旨遠者其辭文以此名滿諸侯有共志其詞出衆長者已大臣職寄股肱詎徒以詞華厭當時之望而志斯安國則風休諸入數雅皆忠藎之發皇子產工於詞令而大國之德音未必不以此懲也所以幣可輕垣可壞韓悍且足以賴諸侯况其光輔寡君者矣

則拜强鄰以歷相四主。猷〻爾昔補此無故。不共之素。相臣澤

閭里。訏徒以藤采副民莫之求。而念存息民。則風流亦慈惠之周

浹。子產長於應對。而悉索之敝賦。或可以是而弛也。所以捷可獻

環可。都才思名堪以光響命。非其惠我嘉師者乎。故不秘兵於四

十餘年。翩〻雅致。不愧衆人之母之稱。則信乎子產之才。即子產

之德也。是故或長於創。或長於國。皆出一人之器。使或膺其名。或　龜人孫來孫

書其闈獨詳魏頤之里居。蓋自有子產之獨至。而三子遂東里亦

藉以不朽矣

精思非悉流於既溢　原評

嶄新領異才識過人　楊羽門

東里子產潤色之或問子文注

列入南昌府學一名　甘立荃

鄭相成命以為國足動時人之詢矣夫　色成矣子產能之
或人之問豈以此哉嘗思國有賢相國之幸也行玉帛於四方才
為邦翰樹風聲於一代名彙人心朝廷賴黼黻之光斯世深考求
之論小國有材其事著其地傳聲稱久播於朝野矣如裨諶諸人
之為鄭命皆子產使之也草創討論修飾命豈遂成哉子產惟能
集衆人之長而絕不自見其長故世之人有知子產者有未盡知
子產者然而命之成厥惟東里大夫是問詞繹尊彝一裁制擅也
亦炫其清新兼衆美而彌加麗澤將不亢不卑鄰[illegible]自銷於文治

事繫有道之敷陳圭璋亦藉以增重統羣林而獨發光輝覺辭辭懌國脉陪培於簡書蓋潤色之為非子産誰其能之且夫子産相鄭四十餘年其人彰彰也人耳目豈僅爲命一事哉毀垣納幣諸侯悉賴其辭重賄焚身鄭卿亦服其旅況[illegible]之歌不徒稱太風雅輿人之頌歌別有其經綸所謂鄭有禮數世之福者皆[illegible]運有以維持於其間迨今過東里者思水懦火烈之箴慕寬濟猛糾之化每不勝低徊流連而不盡知者猶欲以探其微而核其實也此或問所由來也才苟不足以華國斯後立

其隱微子産惟有安邦之術而略迹原心直欲於鑄書作賦之餘深探其原本學苟

不足以匡時艱更核其實際子產惟裕濟世之學而課虛叩實
更於衣冠時疇之外別究其淵思或人所問諸人而獨問
子產其第在潤色為工斤斤於修詞已馬牛之騑騑終頼風
華之贍仰聲名之藉藉臣得遺愛之風夫子以惠人稱之而子產
之治鄭可想矣

練意遴詞舉止有則

東里子產潤色之

懷太尊歲試首取　李　楷
縣童生第一名

鄭有潤色之相而命以成矣、夫潤色無人雖有草創諸賢、命猶未善也、乃鄭之為之者有東里子產、命不於是成乎、嘗謂言之無文行之不遠久矣夫光輔吾君（風華掩映）以襄簡命尤不可無[illegible]國之材也蓋摛藻弗妍難免鄙陋之誚吐屬不麗詎有風流之觀茍身秉國鈞（反振淨椎貼合）從萃村玥筆後不能抒巳長以佐不逮俾以成慎辭之功也哉如鄭之為命固不特裨諶世叔與子羽已也、擇能而使請君子寧有（蘊藉風流）俚而不文之嫌弟患衆長悉備悃愊是為則尺簡無追琢之稚或虞菁英之未彰隨才而任諸君子寧有雜而不馴之譏然茍無

各摽朴遨猶存將寸牘之組織之光何非美錦之學製閒潤色矣幸也有東里子產大凡文辭既當綴以雅贍則潤澤可風彼夫

潤色不有

淺陋者流蘊蓄無幾雅俗不暌心維胡有潤澤之華乎以觀子產

潤字確

綜衆人之長而擬其芳覺溫潤足挹如玉之澤媚而川輝焉豈潤足觀如物之膏學而液沃焉鄭國雖云僻壤自東里有子產而辭

頗宕生姿

命增其黼黻矣抑詞章既善文以敷華則色澤倍古彼七部[illegible]之華閱歷未深故事同於耳食胡有色澤之麗乎以觀子產集諸賢

色字確

之美而擷其精覺秀色可餐如賁之白者必受以采焉五色陸離如蕕之丹者更加以繪焉鄭國幾同彈丸自東里有子產而贈荅

無有隕越矣身位諸卿之上講信脩睦何難自出一手以馳騁乎隣封而子産不爾也為想謙尊而光之象一若協恭多才無庸更

子産自分出

忝其末議故其潤色也非敢謂文字精華真足炫長不過聊出詞

沖和恬雅釋躁平矜

劑之深心俾德音遠播咸知我國肆好之有人而已素為博物之譽鑄古鎔今寧不可獨出心裁以周旋乎列國而子産不然也為想畀牧自下之衷一若時雩淫靡不得不佐以詩書故其潤色也非敢謂詞令輯懌諸侯攸賴不過偶露黼黻之鴻文俾風雅宜人咸服選辭之有體而已夫繼裨諶諸人而成文章合草創諸役而施藻續鄭之所恃以奔命大國無債事者子産之功多耳不然

陽溱洧閒胡為嘖嘖稱東里至今不衰耶。

溫文爾雅澤而有光 原評

切定潤色立論語語自無泛設綜三子而攬其成意亦曲包至

吐屬清芬特其緒餘 師陳蔡莪先生

刊落浮囂詞意細切風神婉約秀倩宜人 師吳玉老

東里子産

癸未　何焯

人見為邦家光者、亦閭里榮也、夫子産蓋擇于東里耶、而誌之者
曰彼有人焉、然則東里得子産而榮矣、且昔者鄭以緇衣對、而其
詩曰適子之館、復曰還授子粲、蓋既愛美斯人、則館舍所止、及
采祿之鄉、並歌思在人口也、遠覩子産知政、而鄭人遂因所居之〔東里不窔〕
東里以為之號、亦猶有其先公之遺風焉、夫卿士私朝、亦列國門〔東字觀華〕〔切子産〕〔先游、癸東〕
之內、故襄仲即氏東門、東而繫以里、則伍同廬井、非若前朝之要
矣、先臣舊宅、無嫌近市之鄰、故平仲不煩更於里、而干東則地〔里字觀華〕
連鄉校、并殊後[illegible]之[illegible]矣、乃于時冠蓋相望、不徒與東道之主為〔[illegible]〕

歡而必過是里式之籍詡子產在馬蓋至盟主之正卿弗敢以一環復請而玉馬私覿禮反有加則東里之宮夫亦為國基乎（須後市）平日冕紳自遠未始嫌北門之管為紆而必就是里以交之往歟況事子產蓋至南國之公子不惜以縞帶相先而紵衣答獻貸（杜注）均亦損則東里之所不且至如歸乎是故重子產者從而奔面東（前分後合）（閱左異妙）里始猶一命為卿以來國已舉不踰等而徵朝之對鑄識其少正之蔡官辭子產者復辭為東里子產始猶三加命守而務固已貴（謹解如收縣使）之不名而入陳之役更傳有子美之一字綿結童子何知侍言先司馬于里舍即以鄭之弗寧是憂之今者退食自公寄非于鄭為

數世之福安得于里為救世之主也耶弟見諶揮同乘每停遊野（恰好結出題）

（句……刱千時之傳）

之車世叔參懷亦自道北之寢誠以東里々而子產有辭也

驅遣故事嵌空玲瓏無一呆砌而筆意更極高雅

東里子產 汪繹

稱賢相者、并稱其地焉、夫東里何地、而令人思之不置乎、（是在
産所居也、若曰鄭之為命、既修飾之有人矣、乃若徵朝入陳鼓辭
背應、丁倉卒而諶擇諸賢、未嘗與也、若是者伊誰之力哉、則有時

牛然従人却紂徐有致

焉擇也、有事他邦、而忽驅車于東里、問東里有製錦之、我往咨

小篩豕修飾此處承諶擇絕不滿

焉何矣、則有時焉諶也、有謀于野、而忽傳車于東里、問東里有職
詩之才、我往質焉可矣、東里者何、相臣之所居也、相臣者誰、子産

先以他國陪東里

也、昔者夷吾作相、而三歸炳赫、以羈諸侯于戈小國之輔也、其交

先乎曰

隣有道、其使民有義、將令名之是務、而東里非烜赫可知、昔者乎

應試小品觀　論語

仲相彝而近世鄧塵無類附卜子產亦衆人之母也其爲治在都
鄙有章廬井有伍將目擧乎民情而東里雖小塵何患當時二境
次爲命　乾搖典雅
侵陵疲于供命而一角北門之管付諸東里之賢而西顧無晉慮
又以西南觀
南顧無楚憂其不能有加于東里也而東里直爲障于西南矣其
武一介行李好幣東賓則成以東里之居爲東道之主乃西晉之
召鄉南楚之公子無不拜下風于東里也而東里遂名傾于西南
又以本國陪
矣鄭之臣民其所恃有虎牢自有子產而其憑虎牢也乃不知其
繇東里潤東里之具者猶東里而餘有人之數內是東里之宮寺
婉風致
如衛國之棠焉而過者皆留連不忍去以是爲相臣所親也鄭之

東里子　汪

士女其所樂有溱洧自有子產而其愛溱洧也決不攻其愛東里
聞東里之風者望東里而與誰敵之歌由是東里賢相幾如西
美人焉而過者皆徘徊于其門以是爲古之遺愛也噫東里雖輕
而子產則重吾意諶揮諸賢猶恨生同國者不背生同里也

點綴非題所難簸弄巧奇趣紛來似天生一枝令人共賞擇
洒自在中處處調聲按節不鹵莽亦不險僻也　鄧庸齋

○○○東里子產　惠人也

歲入仙遊縣學第二名　林瑾

嘉相臣之潤色，其愛人之心尤足多焉。夫子產之潤色辭命，亦所為民也。然其政則猛矣，非夫子孰能知其惠哉？且相臣秉同之鈞，苟辭章之不文，則貽譏于鄰國者，即以貽患于吾民，而宅心之維恐，則啓怨于群黎者，即以啓釁于強大，故修好致詞，華采為重焉。寧邦固本，慈祥為先，求其克盡者，其惟子產乎。如草創討論修飾，既各得其人若此，此何莫非相臣念國家之多事，慮晉楚之交侵，悉索敝賦為吾民之不堪命，故俾諸人各展其長，使各貽休于君之身，文者則即其潤色之事，謝不敏焉。君子猶將深嘉之，曰：是人也，仁人之心也，得相體

閩中歲試錄

次急迫惠
乙方之得
法

闈中歲試錄

烏而孰知其又出潤色也吾見鄭之当日之弱国則遠外交共治内並重荀辭失於滯簡詩曰辱命之附国等人烏惟得此以自有子產不必矯盈庭之說而稍經黼黻遂成華周之文章鄭受兩大之憂以則交隣实與牧民並急荀辭過于質締好即與戎之漸国等人烏誰衛社稷而自有子產不必抒一已之長而文藻膺皇適殊以之製之美錄其潤色也固其所長也所以他日毁館之對詞不及致詰者不及將命行人子羽亦不閑措一辭烏惟子產轄憚著美足折強鄰以故晉侯稱之則曰博物人也叔向嘉之則曰交辭人也榮名晉寔孚之輕諸侯之弊惠澤且及于他邦則子產之潤色固爲国沒

也而其人不可相見哉然其政則不爭於寬也此夫子上或人之問為之表其心曰惠人也夫論其迹則子為水而為火民避孰殺子產似刻薄寡恩人也辭乎可以善修鄉而刑于殘民[illegible]疑其相國之有爵而論其心則不為父功為母民與誰嗣之歌則產寬愷悌君子人也威以克愛而政亦猛以濟寬而民悅原未徒懷詞華以致治蓋子產惟為惠人故民雖疲于奔命而隣惡消其焦心彼四十年之不被兵者雖曰子產有詞鄭國賴之則知之司直孔多迄今過東里之墟猶令人慨念乎古之遺愛也已

東里子產

任學院科一取漳浦學第一名　林士成　凛九

有操為命之權者。名與地俱彰焉。夫子產相鄭。與聞為命之事。亦故特著其所居。以見其人之足重云。自從來大臣當國。圖以統率群僚。堪為邦家之光。而非僅閭里之榮也。然文章詞命之所倚賴。名字可流傳於不朽。風聲尤足表著而弗諼。故即里之所在。後之人。猶樂稽其地。而想望其人。于以見丰裁之獨峻。且鄭之為命。寔第草創討論修飾之堪稱哉。夫亦思裨諶草之所奉命者何人乎。子皮委政以前。盈庭不無聚訟。至彼此各展其才。無慮美錦之製者。伊誰之力歟。則樹望鄰封。應知博物之君子。太叔為政而後。

大國復見侵凌當內外獲免其禍無虞一矢之加遺者伊誰之功
歟則傳聞列服羣思小國之有人是則子産非耶且夫子産固居
于東里者也思古之人有主陝以東而曰周公者矣有主陝以西
而曰召公者矣以子産而居東里豈其與二三大夫共襄國事而
亦如二公之左右先王令人欲表厥宅里耶即今之有興民之
德而曰澤門之晳者矣有慰民之心而曰國中之黔者矣以東里
而有子産豈弗與二三同寅和衷共濟而竟如二子之一謳一說
使人常惟厥攸居耶吾于此見其人之因地而顯者見其地之因
人而傳者何言乎人之因地顯也生平雖擴有道之風實足光同

宮之氣而增我國之重彼其閥閱家聲夫固非百爾庶司可同日語也而其品望之超越有不照耀於廣大之門閭者乎所以之人指其山水釣遊謂其縉紳之所委蛇而退食也則棖與依徊留之而不能去矣何言乎地之因人傳也地靈每由人傑而顯焉之彼都之人士亦將湮沒而不彰惟其宮牆爽塏亦淵淵雅鴻才寄托於斯也而其族黨之輝光有不藉重於聲靈之赫濯者乎所以國之中樂有世臣大家謂其都邑誠足以保障非繭絲也則每與留連道之而不能忘矣由是而草創者豈一乘以采告曰惟東里是咨而諶野則獲先為宰執立其規模由是而討論者持一籌

瓊林試草

奎社

以相參曰惟東里是聞而美秀而文又為宰執質其是非而以
飾者亦濯官承之挾衆情以來叩曰惟東里是謀乃四國族姓
其所為一；為宰執明其好尚蓋一人而操一國之柄獨裕其德
於舍命不渝原不似怙權恃勢之東門襄仲一言而造萬民之禍
尤著其功於有辭衆賴何弗類受命禍師之柳下展而隱此裨諶
輩之所奉命不違者也誰謂潤色之功不至今過東里而猶聞絃
聲歟

汪大師相老夫子原評
按部就班不支不蔓

按部就班不支不蔓

東里子産

科入泮 林士成
縣學一名

有操為命之權者名與地俱著焉夫子於相鄭實司為命之權
故特著其所居以見其人之足重云從來大臣當國毗率群
為邦家之光非僅閭里之榮也若子為文章辭命之所倚賴
整所播名氏留之而里居亦為時所參羅焉迄今過新鄭者
其地其人猶令人稱道勿衰也。鄭之為命卑弟有得謀世
羽已哉子皮委政以前盈廷下無衆訟然試問當日之秉政
何人也製錦豈遂貽羞而樹埒隣封應推博物之君子大而為政
而微而同役乃僅湊然試思當日之以在公者何如也據而不二

多僑而傳閫列耶呼小國之有人奚則子產非耶其上臺司[illegible]
於東里若也思古之人有主陝以東而曰周公者矣有主陝以西
而曰召公者矣以子產而居東里豈其與二三大夫共為國者（佐鄭確品……與……濟譽）
亦如二公之左右先王令人表厥宅里耶即今之人有興民
而曰澤門之皙者矣亦愍民之心而曰國中之黔者矣以東里
有子產豈勿與二三同寅和衷共濟而竟如二子也一割一[illegible]
人評騭攸居耶吾於此見其人之因地而顯亦見其地之因人
傳何則生平雅擅有道之風則列相數君偉業管乎於輿論彼
閭閻家鼓夫已非可爾庶同可同
而其散耕之卓越重[illegible]

輝煌於閭里之間乎所以世之人指其人欽羨謂其搢紳也委蛇而退食也則相與低徊留之而不能去耳夙昔共推仰毋則與歆誰嗣姓氏早著於人寰彼其流傳遺愛夫不邑相爲引重矣而其族黨之輝光有不震驚於旂旐之爛然國之中樂有世臣大家謂其都邑哉足以保障非蘭繇也流連道之而不能忘耳盖一人而操一國之政獨裕其流芳（照應成論）不渝原不似怙權恃勢之東門襄仲一言而逆萬民之福者功於有辭衆賴何以願犒師受命之郲下長會讌此申謝車之所教命不逆者之舊詞潤色之力耶導贊而莫不關繫歟

試帖

撲去俗塵　韵

東里子產　惠人也

歲入仙遊縣學[redacted]　林徵

潤色得人惠之所及廣矣夫子產非潤色何能保國以愛人也子產或問以惠人稱之嘉源哉且古或無文每難以行遠亦安能壯斷保邦以加惠我元元乎惟一人之文采風流足以賛辭命之光則可以全吾國者即可以行吾愛而其人之品已定矣如為命既有草創討論修飾人矣夫鄭之命亦極難矣以弱小之邦介在強鄰干戈威武日臨境上亦孰是降心相從以慰庇小國也倘或延爾雅之才如吳勤厥命又曷以動其傾心哉則甚矣潤色之不可無人也幸也有者里之子產在辭惠乎陳舊繼定論已工未見文章之有潤辭莫遠

乎不雅縱筆削極當殊覺華采之未彰子産惟從而潤色之化陳爲新易俚而雅如鄭鄉邑而郁郁有章也若賦詩焉而彬彬有斐然之能以小事大得四十餘年不被兵而惠澤所敷施及草野使嚶之綢之者非皆賴此潤色之力歟是故館垣之壞辨于臨時而壽有辭諸寧頻之聲施赫奕于當世芳名膾炙于人口此或人之所詢也而有之歟子又以惠稱之也夫子産亦安得謂惠哉刑書之傳非身在寬則雖具潤色之才恐未許惠愛之譽火烈之論似出於猛則所[illegible]憐之長恐未當愛人之稱然其心則慈祥也其行則愷悌也文網疏而自罪吾民何如威令行而御以全吾愛而擇之以人其所以惠人

也而其人不可想見歟然其政則不專於寬也此夫子因或人之問務之表其心曰惠人也夫論其迹則不出水而為火民起孰殺之謗子產似刻薄寡恩人也辭命可以善修鄰而刑書或至殘民而不且疑其相國之有虧而論其心則不為父而為母民與誰嗣之歌則子產寬愷悌君子人也威以克愛而政行猛以濟寬而民悅畏不徒恃詞華以致治蓋子產惟為惠人故民雖疲于奔命而隣悉消其雄心彼四十年之不被兵者雖曰子產有詞鄭國賴之則鼎邦之司直息矣孔多忘今遇東里之墟猶令人慨念于古之遺愛也

東里　林

東里子産潤色之　周勿逸　名十八

命以潤色而善、衎臣類厥成矣、蓋爲命莫類乎潤色也、修辭之後
子産與焉、東里求以書其地、且修好鄰之期於黜華祛艷也
久矣、而要惟才冠群英者乃能稱與以有成、若夫翊襄國家非徒
増榮于閭里而望隆大雅愈堪倚重于階封斯其照耀于搢能
者後者猶不至以命鄭遺譏也已、如鄭之命、蓋但草創討論修飾
者有人已哉、今夫列國之命、必精熟政而端其本、亦必曉執政而
要其成、群百僚之長、則功不必自己出、量能授任、皆隨才器使之
道也、藏衆美思收雖抱華含之文章若無他技、秉國是之成則遠

乾隆御選制藝

不必異人任和聲共濟者同寅協恭之雅也故羣賢既偕視此盛
書之朴陋豈致悱惻爲命此潤色不可也而東里之子產于此
踐土矣晉莫爭雄以秦風昔儼千肆應簡書之無文行之不遠其
何以從國乎乃子產則情文相生焉語以典而可繹言以婉而多
吾十[illegible]共八佾
風儀好音者當不僅比令德于圭璋也戎衣獻捷聊析煩言于
一試而合英明尊每以修詞潤著其彰施諸臣之一節[illegible]鳴者
至此而遂謝衰遠矣王帛符境而還無日不事如勞[illegible]以昇志
文以足言其何恃以不怨乎乃子產則聲情俱韻焉既無充而無
卑亦宜風而宜雅覽詞章者無[illegible]咏風詩于蘭芍也彼賓宴娛恒

東里子產潤色之　周勿逸

羣材已論于去談而盈文兩雜郎以蒙筆紛披其藻繪儷詞至之
衆長俱展者惡此而相得益彰矣耳夫子產之在當日有不敢輕
為潤色焉有不能不急為潤色焉年少而首列卿擬紛然三家共
体裁而培谷之虛懷正不必綏繇獨任也惟躔尊以為增□□
手以務其蘊蔗幾有倫有春片牘而彌發于強鄰歷相而負重望
亦何難優游以坐鎮而猷國之深衷要不勝務然遠也惟陳言
之務去而有詞斯以效其長慮凡如玉如金折衝而隱寓于樽俎
此命之所以必潤色而潤色之所以必推子產歟若乃聆山水之
清音挹風流之餘韻至今東里猶藉以傳焉

直省鄉墨國華

直省鄉墨國華

志和音雅醞釀潔純　原評

簡潔高老文品極矜貴　耆楊羽明

東里子　周

東里子産　惠人也

歲入仙遊第一名　胡元絢

潤色以成厥命其惠人之心可思也夫執鄭政者子産也於為命必潤色以成之此何莫非其惠人之心乎子故有原心之論云昔總憂藻雅之辭者每不足以馳遠存殘刻之心者亦不可以治民若乃脩辭務化其凡陋敷政術主乎慈祥此可以應鄰封而不貽其羞者亦可以對兆民而共昭其隱也如鄭之子産是已夫子産秉鄭國之政舉凡鄭之社稷皆藉扶持之厚力鄭之人民皆賴惠愛之深必求其講信以通和好者夫豈徒委諸裨諶諸人哉審以辭必至婉乃可免當世諸侯之忌況鄭為今日之弱國奚容少文章之華國辭必雅

飭方可按人情習尚之心況鄭為王室之懿親必可無文明之詞藻於是本詩書之氣成潤澤之功如治玉然去其瑕使之溫和可挹集僚寀之長加采色之工加藻繪然著其文使之美麗可觀焉潤色之非子產其誰任之惟其潤色之是以晉楚之威雖可畏而文章足以寒其心干戈不得而擾吾民惟其潤色之是以四十年之相國雖久而朝廷之大事常講邊境之荼火不修造今觀辭輯辭懌而民莫民洽不可於辭命之際而見其惠及於民乎雖然子產之其正不徒於辭命之際見長也蓋其政之所行皆知火烈民畏水弱民玩而發號施令有似乎殘忍苛刻之為而其心之所主則有民飢由己之心

溺曰已而興利除害悉本于慈愛惻怛之衷不然何以授政太叔惟諄諄於寬猛相濟而寓書於晋亦凛凛於浚民以生乎何謂細故不毀惟聽人言以行政而修詞服楚亦隱見吾民之是恤乎則甚矣子產之惠人也夫豈徒於辭命之潤色觀哉是知子產者博物君子國之楨幹也愷悌君子民之父母也然亦惟子知子產之深故於東里言之切彼或人烏足以知此

東里子 胡

東里子產潤色之

乾隆戊戌房稿　英舒惟
震澤人

命以潤色而成、相臣所以為國光也蓋言之無文則行不遠也、潤色有子產而命以告成、君子所以神往東里不置云。且國家賴有相臣非僅慎詞為功也雖然位冠諸卿詞尚體要惟民之身與國之寄古之大臣蓄道德能文章融詞執禮修好鄰封其斯為邦家光哉抑羣臣所受裁者固已宏矣草創討論繼以脩飾鄭之命庶其行遠乎顧吾不知當日諸侯所稱有辭者何以重賴有子產也、令夫文命之為重於天下也一紙之書百年中信令節既形其樸陋粉飾亦病其矯誣我有美錦好者聚焉光遠而有心有耀

（林茂得西京之遺）

（質推後逸）

廷交贊如製一人之手也而自小國之適命於大邦主草詞

聞者爭譏懽愉之音流於蕩愁苦之詞近於謌予懷杼柚美斯愛

焉別裁而典蒞多風將集繁成文益動四鄰之慕也是何也為命

轉、介子、產、古文法度

自修飾以後非潤色不為功也而以觀子產其應對尊長時或增

先於壇坫而雍容動聽筆覺出風入雅更能以澤古者敷氣體之

華其脅盟無缺亦既先輔乎寡君而經緯在文詞覺採集易尤

一云比識力趣居議辭運六谷　子產

克以淹雅若發詩書之澤蓋惟考於掌故若詐敢一名一物皆有

與古朋蒼腴　氣亦浩瀚

以涉古今未著之菁英而又以風流自賞之概大發其沉博絕麗

之奇才則蘊蓄既宏而精華逸露由是而敷為譽命即辭宜上旅向

詎不帖然共服其宏通觀於實沈臺駘明其辨黃熊羽淵志其奇其詞義之瓌以麗者爾爾乎敷陳典則直創成一家之書此潤色之有本原也而踵事而增固非所論已（撇去他人正面語頭尚絕）且值於時勢者故朝會兵戎皆有以闡當世久湮之議論而又彌爾雅溫文之氣出（更的）以醇謹持重之小心則精神愈摯而光采倍生由是著之簡書即玉帛犧牲詎不煥然其光於二境觀於納幣而毀垣是對獻捷而（二字氣聯上）戎服有辭其持論之醇以肆者煌煌乎上下百年絕不願人心之駭此潤色之有參酌也而多文為富所不敢知已蓋必季是而命庶其行遠矣自非子產何以克收眾人之功以底於成若是哉

近科房考精選集　論語　九六　東

乎子產鄭國之良大夫也。其嘉樹者尚賦甘棠。紀甲子者猶邑以乎東里。多才能無令人過其地。益傾心於其人不置也。

徐霞舉吳

醞釀宏深。敷詞雄古。原評

一派雨露丹青。俗語惱不可耐。吐棄一切。渾渾發大意。雄古蒼秀。削絕一時。馮玉圖

氣魄沉雄。識見高潤。逢萊文章建安骨。吾欲遺贈斯文。徐香沙

東里子產潤色之

京都河南 徐方定

相臣總辭命之成，地與人而俱傳矣。夫命非潤色，非善也；要其成於東里之子產，而鄭之命於是乎善。今夫文以足言，亦相臣所有事也，然要非秉經酌雅之彥，莫能於辭令之後煥然而著行遠之章。蓋儒者立言，期於華國，總其事而文牟可風，固有人與地而俱傳者矣。鄭之命由討論以至修飾，皆子產之擇能而使也。命如是成乎？未也。繁簡之經既定，則貴多貴少，得其情，然而陳言猶應未芟去也。世固有剗刈數陳，終日正言而弗入，而一被以雅人之深致，耳目忽爲之一快，斯說然親矣。好尚之古，既投則疑

（取潤色二字從虛處著墨）

墨選　下論

亢無其隙然而英華猶慮未外見也世固有酬對慇懃反覆
而少味而一加以文人之藻采意見忽為之一新斯帖然服矣是
劉秉皇二字作翩
則潤色之宜急也雖然豈易言哉巷居誇服馬之風人皆優於武
勇而短於才學割巳㩁乎刀錫猶待於褱山川之鬱積獨少宏通
孰能以博物之素出其典贍被訓詁而胎肆好之休域身令飽達
之習人皆狃於放佚而跡於文章衰巳見其濡英咀稱其藻風會
之流傳別無佳士孰能以執政之才出其經綸大豈眞而中輯揮
之選惟鄭國得其人矣其人為誰蓋東里之子產也人苟醞釀既
深文采乃被於閭里則下邑遺墟亦將因其人而俱尚寧文綵爾

以榮閭里獨不奇以光邦家乎夫黼黻鴻猷豈專藉詞華之藻繪
然而積之厚者流自光取居恒風裕之博雅為好會發越之詞章
襯托風韻
知不徒以五典三墳争末光於左史輩也觀於獻捷一役即名卿
亦孫其辯言豈非其鋪張之有本哉人若撡華未泯風徽之著乎
里居則勝地名區亦將讓其夙以獨擅宰風徽凡以傳里居夙亦
是以照友邦乎夫羽儀四國豈必恃文藝之淹通然而胥之沃者
光自奕極壇坫異賞之奇文幾席獨呈之妙蘊詎或至如河水
六月遜炳蔚於褰偃流也觀於毀垣一舉即諸侯亦賴其言詞豈
非其吐屬之獨工歟若此者展其長於衆能畢集之後盡

下論

群力共奏之餘。維潤色有加。此命之所以獨善也。而東里之多

垂不朽矣。

極力標新興高采烈

東里子產潤色之　　徐方定　名　十七

相臣總辭命之成，地與人而俱傳矣。夫命非潤色弗著，要其成于東里之子產，而鄭之命于是乎著。今夫文以足言，言亦[illegible]所有事也。然要非兼經酌雅之彥，莫能乎羣才効命之後，煇煌而著行遠之章。蓋藻難妄抒，摛藻要貴揚芬；而言出有章，立言始堪華國。試於尚論之餘，而文采可風，固有人與地而俱傳者，斯亦有心者所辨學稽道勿衰也。鄭之命，由討論而至修飾，皆子產之擇能而使也。命如是遂成乎未也？繁簡之經既定，則貴多貴少，待其情然；而陳言猶慮未悉去也。世固有情詞惻切，終日正言而弗入，而

潤色一雅致

被以雅人之深歟耳目忽為之一快斯藹然親其好尚之奇既拙

則疑俾疑亢然其隙然而英華猶慮未外見也世固有酬對優長

及覆觀之而少味而一加以藻采之繽紛意見忽為之一新斯帖

然服矣是則潤色之宜急也雖然豈易言哉春居林服焉之風人

皆優于武勇而短于才宰割已操乎刀錦猶待于製山川之鬱積

獨少文人孰能以博物之素出其典贍披訓詁而昭晰好古未成

嫻於詞華之習人皆狃于故俗而隊於町畦濡已見于反來弗爾

其英風會之流傳剽竊佳士孰能以熟政之才出其經綸大豈美

而中擇懌之選惟鄭國得其人矣其人為誰蓋東里之子產氏人

苟醞釀既深文采克被于閭里則下邑遺墟亦將因其人而傳韻
不既秉直
寧文采可以榮閭里獨不可以光邦家乎夫黼黻鴻猷豈簡籍詞
華之雕繪矜溢文于爾雅然而積之厚者流自光耶[illegible]
之淵雅為好會中發越之文章知不徒以三墳五典爭表先于左
史流也觀于獻捷一役即名卿亦屈其辯論豈非其敷陳之有本
於人苟聲華未振風彼承籌于里居則勝[illegible]名賢亦將讓其人以
獨擅寧風徽足以傳里居顧不足以照友邦乎夫羽儀朝[illegible]豈[illegible]
特文藝之淺誇風華于婢壓然而膏之沃者光自發[illegible][illegible]閭
共賞之者文恐几席間獨得之妙趣鄙反至以河水[illegible]月[illegible][illegible]

于甕牖業也觀于戲垣一舉即諸侯海顯其詞華豈非其吐屬

獨工歟若此者展其長于辭能羅集于後自補倍年其溫潤典其

職于辭身罕劾之餘何弟共襲其色澤此其所以應對諸侯無有

敗事而東里之名亦華不朽矣

掞藻摛華吐屬風雅揚翊門

東里子　徐

東里子產潤色之

江南楊宗師歲考　徐克范
繁昌縣學一名

鄭有潤色之臣而命告厥成矣夫潤色之才子產之緒餘耳矣為非此不成稱其地益重其人也嘗謂言之無文行之不遠幾無一語貴安也然使能薄材謫過物難明則見聞居于不足于華矣飾自非博學有素即欲言足志文足言莫可得與所以鄭之為命自草創討論以及修飾猶有待焉增損當矣罔貽固陋而繁簡悉稱寧必虛實之咸宜裁度審矣居然典要而斟酌過甚或慮菁英之未耀此潤色之不可已也誰定為之歟惟東里子產夫子產固所稱博物君子也學不博者必不能擇胸中蘊剸裁一事之

今人作時文往々

如此襍最是文章弊病
方盡洩其藏而雜用之雅俗不暇心維矣惟子夏學而擇
能精故取舍既明而相質披文同學錄學不博者必不
用宮不能剪裁其詞大貴含出其叶
能融平日研究未深一事之來將沿襲其辭而直用之故筆同於
巧對
耳食矣惟子産斂於學而融之能化故調劑適均而鎔今鑄古
用詞法三昔今之
與不學之操刀彼其以世族執政風請國家之典故所自公退食
映帶東里有情
優游東里之中又未嘗不留心名物也載籍極博之跡辨乎
與俱從鈎其才識以上卿歷聘徧閱列邦之風土而征車暫來
字字典雅
歌東里之間又未嘗不加意學問也彼騁既博之後雖殘編斷
浮泛者不為諧叶
皆足考其文章是故其為潤也語則諧也辭則叶也地[illegible]文風雨

之潤，皆溢離躍之，漆清不足勝其光澤矣。其詞一語則離（膝○有）
（詩○書○氣○自○華）也，辭則華也。此殆如丹雘之色，五彩交宣，雖贍之英藻不足其（○剪○綵○已○下兮○耳）
繹斯與他日曾大夫之對強鄰莫詰，賊儕之言皆俟胥賴，良其（風華）
之馳辭，其于平時可知。他日者重幣貽書，象齒託[illegible]（十卷○耀淨好卷卷）
馬辭嘉，即友朋之酬答，其於君命可知。一夫相臣之業，不僅人言信
之文，乃晉楚之交，審藉此慎相之力。潤色之功，歸于子產，而三子（頌○只○遺○光○釆）
之草創討論修飾，於是乎觀厥成矣。噫，乎遇甘棠者愛其樹，瞻
淇竹皆美其人，東里之名亦留矣。（秀○色○和○可○餐）
出風入雅，文正長于潤色，帶不傳二偏。文也，今人不

考墨卷集　論語　東里子　徐

考墨徵集　論語　夷里子　徐

思㫖肇用商書讀慎揣之文曰治性呈周下文辛丁黃士

當是時考場僥倖選家不辨其白還闈器之高華

其總纔下照談無窮吾新橅觚者小貴

擇餘融其[illegible]

東里子產潤色之　許天□

東里子產潤色之

許天

命以潤色而成相臣之爲功多矣夫子產主持乎鄭命也繼諸人而潤色之則命於是而成即東里亦於是而著且以一身而秉國鈞不徒以才華自見也要當以才華而共濟藩睦隣修好紓釁乃所以匡時而酌雅稟經文章寔堪以華國取懸賢之著作以獨彰其藻采然後知風流未泯其醞釀固已深也如鄭之命有裨諶諸人不已見子產之擇能而使哉然而猶未也簡牘相將宣之才猷之發著乃或一覽而無餘或味之而彌旨可知縱之動人惟恃乎揮先之四映也況獨見以善裁成所貴和順從容曲盡纏綿之

新墨存真　許郎可

鄭意川諱其蒿亦既各盡其所長乃合衆人之手而未足經一心之逆而有餘可知矣。。而談縱取於臨事之張皇也本深衷以施調劑更在抑揚宛轉脩宣懇切之深情若是潤色之不容已也然也且非易易耳地逼強隣而賴一命爲禦侮之具備文不足以行遠其何以光我寡君也所以善謀能斷俾脩規模而鼓采摛章來敵進而與其列時疲奔從而恃一命爲息肩之端備言不能以志且何以輯我民人也所以博古通今必期切當而以勿苦枯澁不克進而展其能熟則潤色之責則子產其誰任之哉夫子產固居乎東里者也鍾造化之靈異既以學深養粹名藉蓄于咸林、許

會通讀入清致可人

討、出、下、然、　中氣樹立

之語均用錯下

紹上更須潤色略用分述

東、中、生、妹、不冷、

之閒擅當代之風雅自以肆好孔碩者騰輝于晉楚齊冶
曰俗尚靡麗故以華藻相誇烏猶未也想當日緇衣致永哉先彥
之文采風流大概可睹矣今者使命往來而或以朴陋交辭之
羨將所謂祖武是繩者何與從而潤色之瑚中炳外既情文
生語聽事詳亦志和而音雅達簡書于隣封使知吾國雖小尚可
發詩歌而繼風謠則一詞之為光也大矣弟曰詞雖寬故以彬
雅相高烏猶淺也想當年羔裘致美先大夫之繼情逸韻彷彿如
昨矣今者才讀傳情而或以貪鄙貽譏邦之請將所謂大雅克繼
者何與從而潤色之有典有則義不淺于浮夸有質有文詞更彬

新墨存真

其豐蔚將通玉帛於上國使知吾國雖弱猶可締芳徽而著休声則一詞之流烨也多矣是豈必別立意見而量加點綴斯暢所欲言真覺風華之堪羨哉豈必更張音節而一為渲染斯聲情俱韻不覺光采之宜人自是而應對諸侯鮮有敗事即至今猶相傳為華國之相產自東里云

秀在骨韻在神寄托遥深可藥痴肥庬雜二病

東里子產　惠人也

安徽劉學院歲試　張㦤
宣城縣學一名

執政有慎辭之功其人可因問而著也夫潤　非以奢辭乃所以慎辭若或問而子曰惠人又綜其生平之為政而諒其心從來文章之士華而不實其出習為剽輕而子諒之意衰焉則小民易賴矣然而不學入政識者又用深貴卿相之材者猶經邦之方並著長民之德斯炳蔚以經術以生而和順與芳華以積爾鄭之為命草創而後豈直討論修飾在人哉閒有大詞令大誥教君與執政聚而謀之華屋之上其言之善於社稷惟子之惠具不善欲惟子之辭故夫簡書往來正卿主之群卿贊輔之者也

也上思利國下思為民抱愷切之忱鴻黼藻之嘗色之為烏

根華而下却正是細膩而上

已已且夫詞條豐蔚非躬膺民社之所亟也塗汙為工又非仁之

君子之所尚也鄭本辟國疲于奔命執政不保陵之是務僅與鄰

公執簡論文角逐長短採春華而遺秋實奚可哉而吾有

子產詞命却每思民一氣擦轉神

色之苦心非闘靡也慎其詞乃以安其國安其國乃以

過之甚有人焉號稱詞令之宗寔不愧衆人之母也夫僑自子皮

委政國家亦多故矣名章偉論散布公卿間若獻捷有對弊有

書足懾強大之心而甦小弱之困獨其刑　鑄飲法增[illegible]校之

聞流議火烈之訓涉刑名似政之行于國中者不類其風肆好

一氣鼓盪只寫出本

子曰、東里之政煌煌、在丹書也。東里之澤藉藉、在輿誦也。進而推

其心昭昭、揭如日星也。刑賞忠厚之意、文之不能知而通達

只十六字所至皆成條義

治體者、知之寬猛和民之用。名鄉大夫不能兼而善相小民者兼

之、不必露之丰采也。亦以丰采可覘其蓄積、不必擴之文藻也。亦

即大藻可得其泯焉。綜子產之生平而直斷以惠人、而人

矣焉之論詞令潤民輯民、令有于斯。此潤色之通于慈惠

叔叔知之論為政、則養民與民無異術、而養亦所以成惠者。吾

又于或人之問而發之也。東里依然、可勿翦南國之棠也已。

而截融洽入化、而倍覺分明。純以古意行之者盡。

明清科考墨卷集

東里子產 惠人也（論語） 張爕

其局渾成。其氣樸茂。凑止的是大方家。張[illegible]

用法猶法外意。大氣鼓鑄。直是百尺樓頭上人。一　批半剔老

於人下床臥　程藻倫

東里子產潤色之

嵗入武進學第六名　張于宣

以潤色總命之成相臣有容才之度矣蓋子產固華國材而其爲命之則以潤色著亦大有造于鄭哉嘗思春秋之功名類皆以勇略相高而文章不與致使天下薄文事爲無益于人國也久矣乃不意以小國之名卿而獨能以文章顯出一己之材以集衆人之成復能收衆人之長以成一己之功卒使家國寔嘉賴之其不得以功名之途獨歸之勇略也蓋亦明矣如鄭以命重亦既草創討論修飾之有人焉用文之夫不思子皮授政而後秉國者惟推東里子產乎使當斯時弟特世數子之長務爲己至謂爲己能一旦應對羣邦簡書固陋非惟爲我執政羞其欲我敝邑不獲戾于強隣也烏乎能與其事矣

設想超脱

摸到子產

新科墨牘十二集　子產不　下論

有力　陡起一波文情橫溢

得不仍望之于子產且夫子產亦不幸而生春秋之世耳吾觀古者

讀書稽古之士上之將黼黻王猷潤色鴻業內之必躬承綸綍以誥

命揚天子之休次之亦將潤色太平功高一代光耀史冊乃徒處戎

馬之郊為僅存之謀于以攄文華矜肆好誰謂潤色鄭命為子產之

幸孰然而鄭國重有賴于子產也集盈廷之議而猶多其踈略則大

國之視我以輕故言卑而文不敷則慮其為賤也言高而辭不達則

筆力矯健卓尔不羣

又慮其為抗一自才華為潤色之光而片言增重將謂此下國尚有

博物君子也則數十年之疆邑屢如矣更數子之手而不加以裁成

則辭意之相左必甚故撥古易踈在婉曲以通其意也參今易率

在彬雅以達其詞一自觀成有清風之好而國書一定將訶我虐政

尚能振振有辭也則諸強藩之覬伺俱銷矣是故重其令因而託其地犀以東里子產潤色傳則勿謂三代而下無華潤士也世之當猶機生姿文頤焉對竝事幾以畢一生之經綸而豈知文采風流自足養積小以和平之典雅之音汎乎可誦福今雖入往風微而輕帶之書壞垣之對讀其詞命猶將咏嘆而容璧剝其在當時之集思廣益者哉則勿謂文章之薄無無維之也鄭苟修睦偶踈早已非桓武之遺址然惟是英華炳蔚有以致禪尤無城下之盟今覌誰嗣之歟而蓺其田疇教其子弟推所潤色且用之于國家剝其蕤采之實足以懋熙隆國也哉甚矣子產之為功于鄭也

題雖重在和衆集義上然潤色二字當極力撇謝東里二字亦不

新識摘玉第二集　論

可大署起手設想適異中翻一段雲蒸霞蔚根動全篇之勢後四比俱見藻麗秀出快入心目朱右聖

東里

東里子產 一句　　馮 堂

以潤色終為命之事可以觀厥成矣夫子產擇能而使者也潤色
而命以成鄭之所以賴有賢相乎且古大臣潤色鴻業亦顯庸赫
烈而足見太平之昭垂也而抑知修辭睦鄰之際亦有本此意而（尚辭為命者）
行者蓋詞章非祇求華麗而典核必運以精華言之文而行之遠
夫固可即其人而并稽其地也然則鄭之為命尊草創討論修
飾之有人哉夫于晉雖當悼平昭頃之世于楚雖當共康郟靈之
王者子曰維子產才以兼用而優合數人而各展所能蓋寬猛而（董里典義）
擬議默黃熊甚臺駘考古為何以獨欽博物也則知舉國有鴻之

自十九年爲卿而後學以專縱爲大以一人而善成其後豈偉
夫詞華然陽桑蓋褻歌詩者何以雅擅風流也則知屈辭歸大雅
早在三十年授政而前潤色之任非東里子產莫屬哉夫鄭居天
下之中齊楚爭之于前吳晉楚爭之于後吳第云不亢不卑遂足
光耀寡君乎若子產則有卓識矣吉日之藏知在楚而必用懸
以議論運事竟占晉爲寡軍
之謀謂子蔡而無益本識是之卑薄以爲文辭者其光華斷然而
多風早已屏陳言而獨運鄭爲近之國于齊與則上去矣亡宗
衛則施威矣第曰辭輯辭懌遂克輯和友邦乎若子產則能持正
矣貨何必用董父因之以獲歸衣附吾身子皮曰賞爲界

直之心思而于詞命昭其嘩吉斯曲而有彬其害集衆慮以定之計蕃然明廷揚王命之休則不必辨衆異而自矜獨斷專國之時辭助定折衷于衆業代裁所以盡善也故徵朝詞直獻捷懷張服其應對之者所不知潤色之為功立多御為與國權敦盤之色則不必專屬詞而餞任同務如天之福而通個款于彌縫盡受乃以集益也故晉國之歸楚禍不及當日舉推其才智之優而不知潤色之為功不必要後四十餘年不被兵雖曰鄭國多人乎哉自當筆八年君子稱之而朝治內禦外而鄭邦不敢啟釁者大抵言遠詞之子產之功居多焉

[illegible]

根柢深厚組織工細　原評

句度端凝才華力兼擅其美　楊羽門

東里子　寫

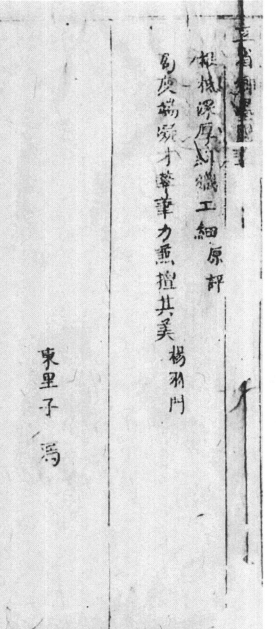

東里子產潤色之　賀太平　八名

鄭國有潤色之才地與人而俱傳矣夫不有潤色命猶未善之才
如子產不令人望東里而興思哉且朝廷所以賴有相臣者謂其
黼黻乎邦國非徒表端於門閭也而博雅有風擅早已合
並著其芳蓋以一人集諸賢之成鄭以文章為報國之計彼美究
在而淵洄可從蔚然者猶遇之心目之間也鄭之為命豈第草創
討論修飾之各著其能哉而吾嘗於衆鄉交贊之會而竊幸夫稟
政之有人因於風流共賞之餘而深觀其訓辭之獨著萃群材以
熟事豈猶未善其作哉顧豐約合度而藻繢難工是亦應對之咎

也內膄或嫌外枯何以揚詩書之澤而耀采於鄉封統衆長於學

（祖○執○政○）

備其猶莫盡其權衡顧煩簡得宜而英華未著是亦執政之羞也

質多猶慮文少何以奮經籍之光而流輝于壇坫為命者豈不有

（涌出本領才是○子產身分○）

藉于潤色哉然出以爾雅絕注在學殖之間澤以風華發皇在性

術之內蓄之未富藻采不流眷之弗深彰施曷補蓋嘗遊覽東里

（丸○勢○綿○喃○切○鄭○不泛○）

緬懷賢相而知子產之所以觀厥成矣國仍號鄭之舊都

（駿○訟○潤○泊○生○意○氣○虔○徘○闊○）

以朴僿自安而東里之才華足以洗其陋焉毀垣請罪文伯英雄

其苛求輕幣賄書宣子且深其感佩賞嘆長哉益其豸采振悅者

（按○之○則○去○寬○）

洵屬切理而饜心也邇之為一室之學問遠之即四國之謨猷進

思韻事猶尚于故土遺踪想像其風采亦可以知其詞令之獨絶
矣人鍾嵩洛之靈士大夫競以詞章相耀而東里之濬雅足以增
其光焉獻撓陳詞強僕無所闢其疊挹環復命遠使亦以識其介
豈好辨哉蓋其詞文旨遠者早已目睦而神馳也闔左右之
各賢郎朝廷有折衝之良相聘彼名區猶得以山輝川媚彼攬其
奇秀亦可以見其聲光之並茂矣總覩之體統亦可以或褒潤色
者讌而愈光以博古通今之學為揚華摛藻之章聞風而思者尚
不兼葭伊人之慕而況好會雍容誰不傾心以相向也所以裝成
詩重謀國非等於治絲而和順英華叶詞直同於製錦強六之佳

嫌不可以或汜閣而首秉而能刪以才學兼全之品為黍嘉綵服
詞入耳適情者皆有造膺請業之意而謂幣馬相將或至隕越
以貽羞耶所以授政相從與國群沾其膏澤而有詞足頌友邦且
恭為羽儀嗟乎文以足言既已推其博雅地以人著誰弗慕其風
徽東里何地乎郎謂不出戶庭奠國家于磐石之安可也予蓋低
徊留之而不能去云

相質披文獨標新穎允為稱題雅製

東里子產潤色之

閻曾履 元

命以潤色而成相臣之里居並傳矣蓋子產固主為命之責者也
潤色之而命成焉夫子能勿念東里不置歟且大臣身東國鈞所
論以子○齊○倒○柄○筆○情○振○截
責先衆職以宣猷也而亦有時不妨後群材而奏績蓋言以足志
而文乃行遠事固有非一二人之謀而必有人焉為之總其成而
收其效一追潤之而彼都可懷猶覺芬徽宛在焉耳今夫仁者之
不、欲、東○照　以擬○為
命○即○納○入○潤○色○恰○好○以○潛○為○領
言藹如而君子之文炳若則命之為也夫豈草創討論修飾所得
而盡其善哉弱邦而介兩大弁卻者無足慮矣幸賴詞章之功以
亦○上○作○潮
引衆濟隣則所謂早歲而躋列卿者夫豈以躁氣矜情屏盈廷之

新墨存真

辛卯 可

論而不恤小國而降修睦淹雅者洵足尚矣幸資僚佐之長以北圖保聚則所謂儒行而稱博物者胡弗以揚芬摛藻彙群才之美而呈奇」蓋命之作也惟柄國者為能握其權而命之一成也亦惟執政若乃克膺其任夫人之頌子產者嘗以東里大夫矣而當日之潤色則圖微斯人莫與屬也非有秉經酌雅之才必不能于卿士交謀之餘而徵其醲郁若子產之司簡畢也寧有淡而不潤者乎夫當匯事爭華奚必過昭其宏富乃猶是人人共抒之詞而一經斟酌不啻加其膏而希其光焉晴雨之化物也被澤細靡立言之得體也含滋有象即令裨諶世叔子羽諸人伏而讀之應亦嘆涵

亞飯干適楚　適秦　　杭世駿

侑食者無入魯境各有所適也夫魯非無侑食也若干若繚若缺者而皆去其得謂之有人乎哉且夫朝夕視君膳者惟是二三碩人相依勿去耳乃其初方有及爾同僚之喜而其後各懷違適是國之悲為之望兩南諸大都歷歷然詎非所行邁之迹可勝悼歎哉在前上亟者嘗異曲而同工而此獨溢饌加餐以遲諸錫公言之爵樂具入奏者華妙巧而獻技而此獨飲和食德與宰夫分耳目之勞亞飯侑于晝夫晝則將考國職三飯侑于晡夫晡則將省其刑四飯侑于暮夫暮則將儆百工而亦幸有干也繚也缺也在

衆知效一官力特各奏爾能而推鄙就功視明服漂袁而遂進賢
秦三宥幾微自傷卑賤而困時納誨諫風興夜寐而不衰而柰何
再弼
實事如此我想斯時吠驃虎者伯仲其行秉籥翟者左右其手抱
天宗嘗事
器而來隨行而入嘆與食增訪隨衆作燕嚼含不咸嚴相與羣去
魁旋不復懷此鄙矣已而素東黿時拙手摩峽慷慨悲歌捫聲變
徵終已不顧則去而之楚之蔡之秦當其泛茹溪馳高蔡滿函谷
文中有書
入武關三湘檣幟淵浪排空二陵風雨鼻影將合楚歌四起黍離
俱洶亂驚心
秦聲入耳泌心驚魄寒肯恍惚兮遠望橫流滯兮濟河興命故羅
飄食何似遍餒中來能鄉返棹迴車闢阿攜彌故而三子者顧且

要之涸以攬沅芷澧蘭之芳躅步佩襄沈五之遺踪訪鄭轍軌鄰之感事沈憂已解幽憤忽開或刻羽而引商或揮箏而和缶斷變郢中笑歌下蔡歌呼快耳目頗自娛樂而飲帶：：又若置身與此終古也故師摯在齊而不為舟子之招者各適其適也三人而往而且為四方之散者自適其適也嗚呼寂寞公庭一二伶官皆乘故舊追維疇曩胡寧不聰吾恐曾君為之食不下咽也

若說成擇地而蹈便不是諸伶心事唐荆川一作後乃有此文可見高狂命意不在脩詞處會處

急管繁絃聲聲入破令人感慨欷歔而不自任無聊意

近科房行書菁華　二　論語　下九五　杭　亞飯干適

或問禘之 節

武清熙宗師科考永年二名 李壁趙

聖人不欲明言禘所以存禘義於天下也夫禘固通於天下而未易明言也故夫子既辭以不知而復進思夫知者蒽深矣且夫事有既而難言者亦易顯言之也抑事有隱而難言者尤未可顯言之也未可顯言之有時顯言之而固有所未安未易顯言之有時經言之而義已畢著大典所存而俟人之深思而自喻已矣如王者之廟必合七世以上而王者之祭必俟五年而舉禘之所由名也千百年于茲莫之変矣明堂之制既煌然於本朝尊祖之義而習焉而莫察孰意有或人者偶然念及忽焉疑生以為若斯焉禘必非無說而然者夫子卽以為誠非無說而然也何究其事不止于一身者而推其義亦豈止於一家事不止于

試牘三淵新編　上論

一身則學僅一身而止者所不得而究此其事自非儒雅之所能斷焉
不止於一家則義僅一家而止者所不得而推此其義又豈擬議之所
能名不知也則以禘誠為有天下者事也然而吾雖不知不能不進思
夫知者夫所謂知者非曰習其文嫺其儀也必於儀文之外而深明夫
所以為理傾理者見乎大又有見於微禘則其微者天下則其〻治世
之明其大而不能明其微者有之矣明其微而亦能明其大者有乎哉
則明一理而理之無所不明也知者則然也吾雖不知更不能不轉思
夫知其說者夫所謂知其說者又非曰彝乃器聯乃名也必於名器之
餘而深格於所以為誠頤誠可學乎幽亦可學乎顯禘則其幽者天下
則其顯者人之格於顯而不能格于幽者有之矣格於幽而不能格於

顯者有乎執則格以誠而誠之無継不格也知其說者則默也其于天

下不　亦諧斯乎夫子之告或人者以此而旁觀者有以得夫子欲言

出指掌而餘韵娓默

不忍言之情不忍言而又若深於言之義也曰指其掌若此者所謂未

可顯言之顯言之而固有所不安者此也所謂未易槩言之槩言之而

義已畢著者此也彼或人者其亦取夫子之所言淺深君而自喻子乎

此不重禘祭円禘只重在禘義深遠上知其說三句語氣没不知也

来須得想像光景若經說承便与上句相矛盾矣篇中指陳若吮若

耀此為繪影絵聲之筆於是題尤為絕唱　快生

或問　李

或問禘之說

六名　官崇

或人嘗見乎禘曰欲聞禘之說焉夫禘自有說或人嘗見之而不能無疑也宜進而有問歟且夫萬物本乎天人本乎祖先王制禮重報本故祀其所自出之祖稱為太祖而太祖之所自出則又本太祖之意祀之而以太祖配此必有說於其間非可苟焉而不知之意也夫祀所自之祖而上及太祖之所自出者禘是也考之祭法禘始自有虞歷夏而商而周與各不廢而說者曰禘五年一祭灌九獻樂具備君迎牲卿大夫贊君薦豆夫人薦盎卿大夫從也禘有六人堂上堂下[illegible]孔[illegible]行焉雖然此特禘

之……其文也則魯……足之無
疑而待問哉蓋人之所惟習見乎禘之說而欲進求乎禘之說
耶且先王之制禮也根極於一心運量之中而必於觀焉以流示
後世是故春用禴之為言續也秋用嘗之為言享也冬用烝
烝之言成也而禘禴若嘗若烝祭各以其時而自致于昭穆之
而時使以五年行之由太祖而上及太祖之所自出太祖有常尊
以一日而屈其方尊太祖所自出者已久遠以一日而致其慤愛
而且他國不得禘而魯獨有禘以周公有大勳勞故成王賜之納
崎然此其為必有禘天理人情之至而所制作源流之歸義

知[illegible]君子所不得漠然置之者。或人之問。不可謂非有心人也。夫周公成文武之德。制為同禮。以仁人孝子之心。作為報本追遠之舉。不必有說以明告天下。而亦不意自己之盾而得[illegible]也。追至禘之[illegible]商行之。魯行之。而禘之說。人亦置不講矣。自或之問。不徒禘禘之文而遂詳。禘禘之說。此即先王先公之靈爽所憑。使就其不說於天下。而夫子亦樂為之發明者也。乃夫子為魯諱。以不知答之。禘之說其終不明矣。然後之學者。正可以不明不明之。

精悍

鉤玄摘青古文作手

尚文

或問禘之說

三名　曹世芳

以大礼為詢世之時人之意倣矣夫禘之礼周与魯皆行之或人而問些為周而問耶抑為魯而問耶且夫禘之礼夫子自既灌以後嘗不欲觀之矣非不欲觀也以先王孝治之途而僭儀夫代文以世聖人之所目不忍觀者也何居乎或之以禘說問也今夫禘之說出於人之知先王本在也之孝思以推始祖之所自而報本追遠之制隆於是乎禘以之而若夫魯之有禘也上嘉之分之勳待以王礼凡天子之礼樂魯皆用之康周公所以廣魯於天下也而常於是乎亦有禘而僭禘之為說亦甚不一矣者王制天下之祭夫

曰礿，夏曰禘，秋曰嘗，冬曰烝，是禘亦不過時祭之一耳。[illegible]亦夏
殷之制，則然。若夫周制，則禴祠烝嘗，詠于周詩，而禘則祀始祖所
自出之帝於太廟，而配以始祖者也。然吾猶有疑焉。夫禘為周之
大祭，則非周公以禮樂易前代之制，而更定之乃何以若是之祭法。
有虞之禘，則始於嚳，降及夏商，祖郊宗祖之法，未之有易也。其說
何耶。又有疑者。諸侯五廟，二昭二穆與太祖之廟而五，去祧為壇，
去壇為墠，去墠為鬼。然則諸侯之祭，自昭穆以上至太祖之廟而
止。若夫壇墠，則國有事而禱之也，非正祭也。夫始祖遠矣，始祖所
自出之帝抑又遠矣。魯，侯國也，祭止大廟，禘胡為者也。且魯禘之

何前者多矣何獨於禘魯之郊也春秋書之一則曰四卜郊二則曰猶三望聖人著之於經所以明失禮也或人何弗之問也而但仲子之考宮何以獻羽夏父之逆祀何以躋僖又況乎去雩去尚丕烝之明失時者不可勝紀乎抑又思之周之禘嘗魯之禘文譽則配以稷文則配以祖吾不能也九獻樂入佾我公在天之靈果無異於稷之配耶獨計周既禘之于世室魯又禘之於周廟將所謂諸侯不得祖天子而支子不祭之說所以何然此皆不具論魯以禘諸其在春秋一則乙酉而禘莊公一則丁卯用致夫人至大夫之有微言焉顧何以沿及晚代或行或廢豈其制不著舊章歟抑行之者多矣是歟嗟乎此或之問所由來也

氣味醇古落落大方

或問禘之說

藝一名 張經邦

擧祭之大者為問其志亦欲求詳也夫禘祭之大者也或人問其說非欲得其詳而何且夫聖王推敬祖之誠於无已而於禮制既方其際以情通為此報本追遠之祭所由來乃人咸習為不察也何論蓋以夏商嬗代有其禮未極其詳武周繼興審其制未彰其義深心所寄甚精微也宜稍知好古之士欲延而叩其詳矣一旦其或人以禘祫夫禘也者祭始祖所自出以始其[illegible]五年朔至遠也而禮然則曰不王不禘分又乘[illegible]見於此與否何年[illegible]業否[illegible]以問禘之說以為我日之禘也譬也願[illegible]

於此□□以表而□□騎牛而全敬所歸焉□□其黃帝三代□□
軒后□□溯治所極僅逮虞夏此其說果何在殺而聖人之折衷而
與其門□□有情□□□□□孫綿而稽厥旨□□□□□□□□德報功從我
晉之禘也以文王也顧嘗□□□王朝之制春官掌□□□□□□□配以
思文之后稷宗國豆籩既設文王而降侍以待旦之元公此其說果何屬
殺在先公所奉行而不敢其所貴在宗支之專屬□□□鬯典藉資所行
非祖文宗武之遺謂其祭必五年即以其不敢以□其為尊尊之說乎似也
去袷於宗廟何以期止三年享於南郊何以歲仍一舉則不敢數舉通例、
□而禘之說豈不是謂其配惟始祖即以□溯諸遠其為親親之說乎又

或問禘之說　張經邦

[illegible]而觀湯孫之然何以云作祖其後頌者之詩何以云文母亦右
則周禮匯常經也而禘之說已在是徵特此也春禘于先王則曰禘
矣此一禘也固知平時所舉斷不至引以從同惟是煌煌乎祀舞八佾於
堂奏九成於下者獨顧其名而迷其義也問其說何可使迷乎青禘於莊
公則曰禘焉此又一禘也固知小禮之名萬不至援而相混惟是洋洋乎大典
[illegible]之蔡陳東序之塗飾者不塊其文而昧其運也何先乎始可
啟昧乎[illegible]聖人的訓正此言亦復良[illegible]
語[illegible]八之[illegible]案是知乎禘[illegible]托此[illegible]也
[illegible]令[illegible]

或問禘之說

鄭光策

洵圣人以禘說或人亦善求礼矣夫礼莫大於禘而可不求其說乎此或人所以問也且夫王者祭其始祖所自出之帝而禘名焉盖万物本乎天人本乎祖王者报本追远又不於其祖之所自出此其旨深矣又况经典所垂昔儒所述疑义迭出有心斯礼者不揣是其說[illegible]人則又思[illegible]折衷也盖禘之所[illegible]有其位焉[illegible]祭[illegible]有其义之异[illegible]五年一禘以其[illegible]焉以頌循而行之至五禘則一年而[illegible]奉矣於是[illegible]于冬[illegible]十月[illegible]

不[illegible]辛[illegible]年[illegible]其禘何[illegible]始祖所[illegible]
此十[illegible]亦合何疑。其禘[illegible]以為審禘。則固所[illegible]昭穆之分[illegible]
洊饋[illegible]商[illegible]衰[illegible]終曰[illegible]阿[illegible]亦布文世獻
又不止夫群昭群穆之酧。則其禘又何也。且[illegible]
祫也。此抱春秋言禘不言祫之文。遂比而同之。考禮經所載。
與祫固各異也。且年禘有虞夏商。各祖其祖。以禘嚳而郊稷。
祖文王而宗武王。其薦之祭法者。未嘗以禘為祫也。而猶謂禘即
祫乎。至於以郊為禘之端。更步禘矣。或謂祭禘小于祫。祫之隆而禘
也。此擬禮經尊卑與偶祭之數。遂異而斷之。亦考大傳所言。禘

祫固並重也曰無論至敬無文繁簡異數即郊祀六变之樂以祀天八变之樂以祀地其載在周官也未嘗以地降於天也何得謂禘小於祫乎至於时禘非大禘之論又当深考矣且魯之禘尤有難解也礼不王不禘則天子有禘而諸侯無禘魯侯国也而禘何以稱焉即曰康周公而賜重祭亦周公宜禘耳奈何遍禘於魯公之廟也義不大悖哉礼廟無二主則周公所僃宜之文王文無廟也而主又何所焉即曰臨周廟 然則其之主禘于周公廟乎抑以周公之主禘文之廟乎是不难安然嗟乎禘説之言疑其如此哉人即 心力及之為未可以其 之非也臣至圣

抗朱直幹言然後知其說之真其證 此矣

元元本本雖証据亦洗前賢而臨淮壁壘一新矣

或問禘之說

六名 劉世智

禘於禘而清其源亦有心於禘者也夫禘誠有說何既灌不足觀乎哉之何亦有心者哉且夫人臣有勤勞皆分所當尔難公宅魯而寧拒魯固禮哉文王武王何為王賜伯禽遂漫濡而有今日之禘乎乃其禮為聖人之所不欲觀而其說為常人之所樂究抑又何也蓋所時以祀追享曰禘禘用虞彝蜼彝皆有舟故王一獻后亞獻為祼其後王三后四曰朝踐用兩太尊王五后六曰再獻用兩山尊皆有罍王與后繼獻尸曰所其九則然臣之所酢了行此禮何為哉 火況也

或問禘之說　劉世智

曰商長發大禘也其曰立子生商所波及於元王似也其曰
至於湯齊而併終以阿衡則非也故說者以為詒將其於周頌思
文后稷周雅士氏亦詠美嫄而求及於豐盖雖禘太祖及於
考妣又倒如矣魯則閟宮一篇美僖公而終言甫作似長發之淵
稱其臣祭皇祖而首詠帝依同生民之上溯其祖又何說也夫周
禘之可考者大宗伯涖王卷省牲鑊奉王盍詔大號造者告时倫
宗伯也祭饗贊祼將此肆師也上太宰卜日於爵下至雞
溉可官之川衡澤虞邊諡倒人有共內而六宮世婦

文之有心均一以主祭其為心也魯昭之季禘於僖公方其
三人其聚万於季氏邑路鼓路鼗陰竹之管龍門琴瑟於宗廟奏
之九变而人鬼可禮也乎則問禘之說宜詳也蓋人本乎祖万
物本乎天故宗祀文王於明堂所以配乎帝也追祭太祖於太
廟考所以隆其本也昔命錫與得何以十有再就是既細何以十
有二旒將祖根與之共貫徹其成周之祭法而得禘之說亦宜嚴
也蓋孝子事親即忠臣事君故葬齊归而不感不思忍其孫不归
以乘君怒而归祭不能其　矣或恥矣成念鄉濟用為擬于西京
曲阜之哉

有心其欲
臚筍俟之六經注腳

或問

或謂孔子于 一章 李鏌

觀聖人所處之正知好事者之誣也夫孔子原不因所主而有損益也然固不苟也好事者之說殆不可信且聖人之出處非苟焉而已也抱禮守義雖皇皇以待世用而究不改其安命之常而好事者往往創其說以誣聖人萬章亦遂惑焉曰孔子之至衛也至齊也皆遠（伏得）臣也（敏妙）遠臣必擇所主而于衛主衛之近臣癰疽家于齊主齊之近臣（即君何以為孔子句）待人瘠環家噫彼亦知孔子之為孔子乎孔子可以進可以退可以得可（只此句作關鍵）以不得此孔子之為孔子也嘗去魯而適衛去衛而適陳去陳而適宋此孔子之為孔子也進不苟曰有禮在退不苟曰有義在得之不

為喜不得不為慍曰有命存此孔子之為孔子也從容無事之日卓
然自立而不敢稍貶其所守即倉卒患難之際亦不肯苟且以相就
此孔子之為孔子也不然人各挾其意中之欲思緣他途以進則當（極有力）
日（正。極一不貫。力）衛之彌子豈癰疽侍人比哉衛卿之得豈癰疽侍人所能致哉而
孔子卒不為所引必擇顏讐由而主之者何也甚而當阨時亦必主
貞子者何也曰禮也義也命也為孔子者固如是乎（即鎖即渡）夫行視其所與（局。周。延。出）
交觀其所親觀于孔子而讐由可知貞子亦可知已此觀近臣之一
法也觀於讐由與貞子而孔子又可知已此觀遠臣之一法也吾所
闢蓋然此今孔子出處可考其去就可據何嘗不擇近臣而主哉替

無義無命而僅〻以得進爲主者非所以爲孔子也好事者之說甚不可信章亦可以無憾矣 一句收

機杼在心繩索在手起伏串插巧法具備如文與可畫竹數尺有尋丈勢 原批

提束句貫穿通章一筆迅掃更無滯礙之苦 前輩翁公鴻業作極爲鈍翁先生咨賞然近臣遠臣竟不曾點出亦太疎矣此作工夫雖深不如起講下數語卻較爲觀書眼如月也 此贈

或謂孔子　全章　　凌紹焻

觀聖人于所主、而知其不可誣矣、夫主非所主、是失其為孔子也、觀之于衛于陳、不愈可信哉、且君子遠適人國、未有無所主者也、亦未有漫然而有所主者也、既視乎人、亦審乎已、故不知聖人之所主者、即不知其為聖人者也、嗟乎（直領全勢）孰謂孔子也、而主癰疽與侍人瘠環哉、即齊衛而論孔子、遠臣也、而癰疽與侍人近臣也、近臣之為近臣、既與孔子淡不相關、而遠臣之為遠臣、又與癰疽侍人絕不相入、而謂其所主者于衛若此、于齊又若彼哉、（一筆牽去聯如貫珠）且瘠環之賤、固無異癰疽、而癰疽之幸、又孰知彌子、况而彌子、而及于子路、既不患其無因、由子路

而及於孔子又無慮其不合假令因子路而主彌子主彌子而得衛
卿衛卿既得人何（詳作一片）至不悅於魯衛而遺微服之阨哉而猶曰有命也（總叙）
寧為有義之退而不肯為無禮之進也寧為司馬之遭而不肯為彌
子之主也然而孔（跌宕）子亦已危矣乃其於陳也且猶之乎其於衛也（一氣跌）其
主貞子也且猶之乎（倒點）其主讎由也是有義有命之孔子也而孔子之
為（入夫句）孔子何如哉若謂其主癰疽侍人是非徒失其所主而亦失其所
為主矣非徒無以觀遠臣而并無以觀近臣矣何以為孔子哉且非
徒無以為孔子也彼癰疽與侍人者且居然為孔子於衛也讎由於
陳之貞子也又何以為（妙）癰疽與侍人哉

評

此謂而或人將代寡人悔矣抑無故而脉侮亂之文自有此謂而
寡人將受或人誤矣是以愛寡人許寡人者不憚御前謀排衆難
（倒捲）
而以取之說進

吞吐頓挫處處神注下句有吳道子畫龍點睛手段

或謂寡

明清科考墨卷集

第十九冊　卷五十七

或謂寡人取之

王詒燕

竊取燕之志有僅陳其略者焉夫言取而不知取之故其説可存

新題隻眼

是叔下書從勝

其人亦未足數也宜王與言勿取者等視乎若謂事從之會不望而入衆人之能識也安在善迎意旨者非尋常策士哉雖然意有不與衆同議有差强人意則亦姑聽而存焉謂非以不入耳者相勸勉也伐燕既勝有謂寡人勿取者矣凡人必有獨見人我之分也自斷言進從輕量天下士焉以為無甚高論也凡説必有兩端彼此

只作此筆看

之分也自斷言遁而在廷爭角立焉欲以相反為功也乎是謂寡人以厚利不取以辭其龔謂寡人以顯名而取以張其勢亦不盡

德為何人待ゝ乎甚有辭參利不倖而獲人不知所以獲其可獲

不〇謂〇此〇題〇乃〇得〇此〇等〇細〇文〇字

則知之夫乘長驅之勢收督亢之圖亦事之瞭然者矣或人知其

所知不欲寡人失當前之利抵掌而談直如投袂趨之其意氣之

字〇ゝ古雅

激昂亦畧可想見矣名不倖而成人不覩所以成其垂成則覩之

夫燕千里之地控六國之樵亦事之莫禦者矣或人睹其可睹不

欲寡人喪覆世之名借箸而籌直如捲甲下之其神情之飛越直

手〇揮〇五〇絃〇目〇送〇飛〇鴻

令人奮往已夫無形之理寓于有形ゝ則形其能取也寡人豈以

照〇人〇力〇句

或所謂者為微恭克敵之故哉但撮寡之乘間不容髮喜其負局

中之慮非膜外之談耳且不見之幾伏于共見ゝ第見其可取也

寡人豈以或所謂者為盡知縱敵之患哉但發言盈庭誰執其咎快其破虜人之論開功名之門耳嗚呼取亂侮亡曉人如是職思其故誰則知之欲進謂寡人者問諸彼蒼也

燕天決句

決取在下文天意或人發策雖與勿取有異要只是秉勝長驅人力上論細玩白文自見向來看作恰合齊王心事耳　自記

他人作此等題率撏撦國策以鬆淺了之老手定復會文切理一字不肯苟下少陵云老去漸于詩律細如此乃當得一細字耳　耘渠

若將本句遷爾實粘則下文人力天殃種種雄心反成嚼蠟妙

在淺看則下意已躍躍。喉間。所謂以退為進也。至其氣韵之沉
雄。神骨之古秀。更不待言。

或謂寡人　二句　　朱綸

齊王志在圖燕結陳進說之異同夫取與不取王早已定之意中矣特以進說者之不一也故述而說而並陳之若曰寡人自勝燕以

下語便有紙弔

來無日不集羣士謀臣僉議可否較論得失也所述諸之儒遂得乘

如與幾女

機而進而明哲之士亦即鼓掌以前紛紛藉藉寡人亦遂並存其說

史此量與

而斷斷于意中今者勝燕寡人亦每念勞我士卒者意欲何為寡

其要取之

人跡每念費我轉運者志圖何事寡人亦念命將推轂不止為稱罪而致討寡人亦念秉鉞誓師豈徒為正名而定分而當日之進說者亦不為寡人計者也乃曰甘棠之澤猶在人心營洛之勳亦留王室

乃公之嗣未可斯也王曷為安輯之謀也且曰子噲之過既已往矣
子之以罪既已伏矣誅暴之名自我收之王當為撫綏之計也勿取
頻土生下萃、是不然其成善能取仲
之言如好猶是見也寡人將釋燕復燕令燕收亡國聚散民置宗廟
主復社稷令而寡人之勞士卒費轉運命將推轂秉鉞誓師者俱置
無用不幾笑前此之多事也耶而卒也有不然其說者曰天下成大
折入有功
功者必不和于衆收孚疑者必不務乎多主寡聽勿敢之言勢必武
夫力而私之原暨儒嘗而免之室墮單塞而長殘譬必不支矣還莫
菁、古馬成語練、有味
昔車甲珍器盡收而入于齊珠玉財寶盡取而有乎齊撫其人民諫
其土地燕人未必議我之不仁收、甲兵壘其社稷天下未必疑我

下也失一燕得五燕王何嫌焉昔曰之愈失天下而又何利之有哉且夫齊山東一大國也燕山東一大國也存燕于天下則一燕足以敵齊燕而有之起又益一齊也夫以一齊天下尚不敢抗以兩齊臨天下豈待痛而服哉是捐重于燕而收功于天下也為王計者孰有過此噫自伐燕以來寡人豈于燕惟恐急之不意廷臣有與寡人異同若此者謀夫子如有以教我

題雖平列齊王意中原有軒輊文妙在暗暗敘去毋將勿取作龍即將取之作駁由淺入深啣尾而渡抑揚之神味還似國策

或謂寡　江

或謂寡人勿取

順治乙未　汪琬苕文

設一不取之說者非齊王意中謀也夫勿取豈伐燕意哉而或人之說出此齊王亦姑求之耳若曰寡人竊不自揆以有茲役也師出有名豈必藉盈廷之議哉然而寡人不欲矜獨斷也則先有倪正言足爲夫子告者當寡人之未伐燕也有爲寡人賦興師者爲寡人幸矣遂北之餘諒無有沮寡人者矣及寡人之既伐燕也有爲寡人賀我勝者爲寡人又幸矣告捷之後當無有議寡人者矣而不意衛一或人焉爲寡人謀深遠之利而以大義敎寡人爲寡人陳修睦之經而以正剴責寡人則謂寡人勿取慫其爲燕之

宗社計乎蓋[?]亦澤既深似乎血食不可斬矣夫燕之有宗社也寡人非不知之而或人已早見及此抵掌而談必不欲寡人利燕之有則曰勿取意其為燕之嗣續計乎寶玉之分既遠似乎世守不可墜矣夫燕之有嗣續也寡人又非不知之而或人已深慮及此借箸而陳必不欲寡人絕燕之祀則曰勿取乎是雖有督亢之圖寡人不得利焉守或人之議若欲與向之盡銳而攻者竟拱手而返之寡人幾自笑向之多事矣亦聊以或之謂寡人者姑為寡人倚一籌乎雖有雲中之地寡人不得貪焉竊或人之旨若欲舉前之稱師而往者竟撤營而歸之寡人幾自恨前之過牽矣安能

以或之謂寡人者即謂寡人決一策乎自有此謂或人將代寡人

諱矣自有此謂寡人又將受或人誤矣所幸有愛寡人訏寡人者

不憚郤前謀排衆難而以取之說進

到此不覺止出本心

一番絕正議論經齊王口中一述便覺句句無謂筆臺舌巧讀

之生意宛然　王惟夏

此句本是遠心之言齊王姑為引述以掀起下句耳題之神情

全在虛處傳出讀者須細玩之　江韶昭

或謂　汪

或謂寡人　取之　唐登儁

借人言爲兵質齊有取心矣夫取不取之說豈得兩可立言之意將以自便也且燕齊匹敵也其名有寡字夾輔同盟義也即其侵敗王畧以兵加臨擾亂而已不聞所獨取也取之說或策士以此廣務主心不宜自上倡之也齊之伐燕唯能勝耳王如勿取則成下之攻猶可以謝十二諸侯而何乃托之或曰勿取王如欲取則兼併之甚豈無有還而玩其國於股掌者而何乃托之或取之意者謂日者燕之後寡人整軍經武覺可慰燕先王之靈而泰之與論則言亦取者與言取者各執一見也彼言勿取者預以局外之人談局中之事而

翻出本題

析之例出題分寸精錬

負欲取意在前

折入題面

發揮曖合

增訂小題金丹　萬曆丙辰　四五　孟子

（假字上下見則重下句意）
言取者則以旁觀之見佐當局之籌已即寡人秉利度義似不亦宜
之度外而所之畔策則言勿取者半言取者半不相掩也彼言勿取
者豈思先世之遺祉最留其孫而言取者則據見在之情形獨持其
大巳規繩之見不可以議廢興則或人所謂當互存之以為千古之
（似取之何知句意）
衆尤當獨斷之以行一時之權豪傑之舉不可以失事機則或人之
謂既兩從之詞以動寡人而寡人宜一核其寔以副清議盖以燕
（形摩寫筆舌唇出）（疏發兩或字）
之人言勿取則為祖燕以齊之人言取則為祖齊而出自或人則其（亦是）
言甚公也悠悠道路之人知燕卜今日久矣今人盡言勿取是何愚
（側重下句）（疏發兩謂字）
者之多今人盡言取是何智者之多而各有所謂人情不大相遠也

夫衆豈有忠不過欲寡人為鄰国驅除难耳豈誰倚角無人問罪以
救燕於水之旁惧有乘閒而斷發寡人不得辭其責敢以質之夫子
妙于斉王口中平叙或人低昂自見近來只作断案題情全失繼
極筆力亦非先輩所难　范文向
語語側注題情宛然而局調又覺玲瓏　汪純消
兩兩說來自見側重取一過意却不下一斷語手法最高有齊
王撫兩或人之情有齊王雖慮兩或人之情處處得神　江武曹
宜上意在取之勿取只帶說今挹處用上意斷制出題補出題上
一層意以下順口氣說去却處處是叙處處側重下句最得神情

固不欲平叙一筆致遠書旨也後二比從兩或字兩謂字取意更
秀出思顛巧筆列則畫李憲評

來百工則財用足　　馮謙

財用有所出知百工不可不來矣夫財與用惟百工實通之百工不
來何由足乎是可觀來之之說耳且臣嘗考周禮地官有泉府之職
國之財用取具焉繼求冬官司空雖亡猶見國有六職百工居一若
是乎財用非求之百工也然冢宰職有玉府宗伯職有巾車周官分
職原分百工而統之說非為財用計哉夫天地相合而生材泉木瓦
生水石殺動植之皆有自然之利然使繫之一人一方則少者懸鬱
多者貨朽將有財不受用之處人物相須而有用鑠金凝土作車作
舟備之饒有資身之益然使盡責之農夫紅女則材異者惡工巧者

然將有用非其財之患臣乃知百工不可不來也財用繫於人不招
其人則不欲粵之鎛燕之函秦之廬胡之弓車夫人而能為也廣招
其所習有作必精使知者能創巧者能述精良工巧之物皆將與百
工偕來矣財用必于茲易其地則不能鄭之刀宋之斤魯之削吳
粵之劍遷乎其地而弗能為良也適易其所能無異不收使土無遺
材率無棄貨山林藪澤之利皆將隨百工而來矣熟其名于官府而
上無不足之財矣於天下聞風而至無不給于天室間有取於外者若
丹青自荊州鐵錫貢自梁州必且經百工之手而後集甚至深山窮
海帝王之財賦不及且育瑞珍錯狀而陳者自有百工之一無棄端之

官府矣列其技於市廛而下無不足也良弓爲箕良冶爲裘無不備
之其于其有給乎人者舟車而閒梓匠鐵甑而求陶冶必且向百工
之鄉而後獲甚至貿奇鬻異萬室之取資無度即有餘材餘器以俟
者自有百工更無空匱之市廛矣所以共工不廢壽考當年貢亦有
音文絶異
吉賦亦有壽鼎伯亦可助其光陶正識無餘職今日無不必來來不
必求工正必無缺于供公亦思所以來百工者而可
珊瑚木難火齊夜光如綠而錢爾而藏不更買而有然與于波斯
胡緒之雜陳者皆以一也。似大禮文之點綴者然寶玄之巧塞
有過之

叔孫武叔毀尼

毀之深也聖人且不免矣夫仲尼何人而毀之哉如武叔者不太甚乎且甚哉小人之妄也以天所篤生之聖宜其數見稱于人而頑不愛之慕之反非之譏之甚哉小人之妄也如叔孫武叔毀仲尼是已

（提仲尼高然但從毀說後下子貢語意只宜如此甚簡）

今夫仲尼之在天下固不因人之揄揚而重亦豈因人之誹謗而輕

（一代學一變）

武叔何心而竟肆然毀之哉推其毀之之意一若仲尼之瑕累不難自我而揚一若仲尼之聞望不難自我而敗一若仲尼之為榮為辱不難自我而顛倒遂遑遑然毀之曰誰謂仲尼無可議哉

（領句有神）

問津見訕于匡圍譙悲岐路之人一擊磬見外于荷蕢即來硜硜之鄙胡知其不

可為而顚栖栖于道路為佞之諷固其宜耳亦知勢不能挽而仍勞
勞于風塵喪家之誚何足怪乎夏殷之禮本不能言而反謂文獻之
無徵俎豆之事公未及問而豈其夙昔之嘗聞幸也世無用彼之人
故得托碁月三年之志以自文其困陋惜也欲入不善之地而尚假
惟其是如為武夷九曲一曲一
不磷不緇之説以矯飾其操持使其有可行之道何必望海澨而言
鴻天
適惟其無君子之德所以欲九夷而卜居又可嘆者名不能成而至
并拈公門為鼓之上函其
甘心于執鞭更可笑者兩于一見及欵不悅于及門且也匡人有圍
既無以自保而尚欲援天以自信饑饉已絶而病不能興猶矯語君
子之固窮既乎削迹于衛伐檀于宋其見棄于人也已久書社封而

吾儕見路阻而終窮其見絕于人者又莫仲尼之為人如是凡我同儕致而聽之勿為虛声所愚與叔孫毀之之舊也而不知毀亦何病惟毀然後見仲尼

代慕姜人口肯運用故典杼軸予懷開發後學聰明不少

叔孫武

叔孫武叔毀仲尼　其一　　方苞

聖人而不免於毀，小人之無忌憚也。盡武叔之營營，子貢其意中已不滿於仲尼，而至是遂正言以毀焉，可不謂大異與。昔吾夫子之窮於世久矣。然計其生平，則雖有所憎怨及嚮欲出力以擠之既者，徒以其異已而惡之，要其心未嘗不以爲聖人而安之，無異議也。而毀

此宋大家口吻

之者乃有叔孫武叔，夫任其作惡之心而敢爲誣善之辭，亦小人之常，不足怪。獨不思世之怨仲尼、憎仲尼而欲甘心於仲尼者衆矣，何獨不能於殘也。彼誠有積怨深怒，而倣於他途以逞志焉，吾知其不難得志於仲尼，而奈何思以毀勝哉。而武叔不知也，彼其心以爲仲

尼者布衣窮居之士而我獨然卿大夫之尊表正人倫顯明臧否其事也仲尼之生平一顛倒於我之口彼雖欲自讚揚而其道無由矣仲尼之所與同聲而附和者不過里巷沉淪之人而我所與出入而議言者莫非公卿大夫之選憑高而呼聲非加疾其勢便也仲尼之不善而顯播於大廷廣衆之中其徒雖欲自為標置而人將不信矣吾聞其皇皇於歷聘之時嘗有聞其風而慕其義者凡皆未察其實而苟以相高者也以斯人之矯作修飾而純盜虛聲亦終其身而不敗矣而我一旦而發其奸彼將何以自立於天地之間耶吾聞其栖栖於列國之間嘗有代其體而削其跡者是誠卓有所見而不

識於流俗者也以斯人之矜情飾貌而所遇皆窮或謂惡之者之意
其耳而吾今按實而知其惡則彼復何所逃於天地之間耶此武叔
用毀之意也小人好為讓論醜正誣直而不顧其安至於如此作人
得如仲尼備且不免其他則又何說乃人亦有言惡於不善然後為
賢小人之訽君子之資也士患不為仲尼耳如武叔輩者固惟還
其毀之不力哉

止將毀者心事宛轉摹寫用意深奇從五代史馮道傳得來　舜彝
廬先生

詞氣匡婉意思峭刻大家老境　毅若韓

通篇用代字訣真能得武叔情事矣四首

叔孫武叔一

叔孫武叔毀仲尼 其二　　方苞

記聖人之見毀、而目其人、以爲戒焉、蓋有所有名而不如其無、武叔以毀仲尼爲名、不可沒也已、且君子之處亂世也、可毀可辱、而人不疑小人之惡君子也、殺之辱之、而私心未嘗不相服、以其凡也、若乃以非常之聖人、而遇一無知識之小人、則有不可測者焉、若叔孫武叔之毀仲尼是已、以吾子之抱道而不容於世也、奸邪欺負之徒、欲得而甘心者也久矣、至於毀之、而其事爲已輕、乃以吾子之身而道以益光也、相怨相仇之族、至欲出力以擠之死、而計已無餘矣、至於毀之、而其變爲尤異、以爲其有私怨深怒、遺心而爲誣善之言乎

而不必然也。以仲尼生平行身植志之方。而合之武叔之心。固有懸

[illegible]

遜而不相刺譏者。日見耳聞之久。實有所不得於中。而不禁極口以

相詆。而何必其他有所為與。以為其將巧構疑似。懸虛而為不根之

[illegible]

論乎。而亦不必然也。即仲尼生平可決可傳之事。而斷以武叔之意。

罔有罹然而見其不可者。自矜獨得之見。惟恐人之議以為善而不

禁誦言以相攻。而何必其讒無所據。與凡事之不利於人者。濟以

直快其私而毀之。用必少依乎理。故必有高乎其人之行。然後能見

[illegible]

其人之所不足。而武叔則緘口而不疑。蓋其心方且謂仲尼舉世所

宗。而獨撥其瑕隙。茲可以悚動乎一時。而增吾之重矣。是事之進

於人皆背可直決之已而毀之故必求伸於衆故必有敗乎其人之
初而後不盡其作惡之初心而武叔則肆然而無忌蓋其心直以已
為人倫之鑑而一言之低昂遂足制仲尼之輕重而終無異議矣夫
武叔背目之言曰子貢賢於仲尼是猶以仲尼為賢也今而毀之則
直以為不賢矣一人之心一人之言而前後相背不可詰其所以然
豈復與之爭得失哉然小人之無忌憚而敢為非聖之言者實自斯
人始作而生如此之人君子憮然而有世教之懼也

較前作更質實有高邑先生體勘不到處　何芝軒

武叔心事愈揉之而愈出腕下真有照妖鏡也　戴田有

第十九冊　卷五十七

叔孫武叔毀仲尼　一章　周徐彩

毀聖人者愧之以無謂焉夫毀仲尼爲足損仲尼也乃仲尼無損而武叔已自損矣武叔何利焉且小人之敢於無忌憚也其言亦何所不至哉獨是君子於此與之相爭則激而愈甚使其自愧則廢而或返故屑屑焉與小人辨者非君子之高於自置者也昔者仲尼爲魯之國老雖天下莫之宗然而尊之以聖人者久矣乃叔孫武叔獨敢出而毀之嗟夫武叔何所挾以毀仲尼哉意其人必有僞而甚辨之口不妨任衆人之相難而百折而不窮意其人必有一往無前之氣不難披天下之公好而猖狂以自恣此時爲子

貢者使出其說以曲為仲尼解是重視此毀也重視此毀是重視
原評承辯而來釋了矣
武叔也武叔重則仲尼將轉而輕雖仲尼不因茲而輕而護仲尼
乃益見子貢之淺蓋武叔毀仲尼而子貢若初不為仲尼謀則其
尊仲尼者至矣仲尼受武叔之毀而子貢惟婉轉為武叔計則其
愢武叔者深矣曰無以為〻毀而無益者籌之非為被毀者解其（妙）（妙）
紛也曰不可毀為毀而不可者痛之非為被毀者珥其謗也曰他（妙）
評都只用直述妙
人之賢者丘陵也可得而踰也仲尼日月也無得而踰焉為毀日
月者指其迷非為日月被毀而慮其薄蝕也於是而哀憐之至發（語妙意出）
為厥戒之詞迫切之情出以簡徹之態曰人雖欲自絕其何傷於

言外思不須添一字

日月乎多見其不知量也蓋勿問此毀之何如而但求武叔之切

毀則授武叔以權武叔將修然以自隆惟知受毀之無妨而但憎

武叔之自苦則化武叔之矜武叔亦索然而無味衆人視之以為

子貢嬉笑之語甚於怒詈當桀驁難堪之時迎其機而抑之則所

方是聖賢心地

以奪之者不少君子聞之以為子貢惻怛之意溢於言詞當顛翻

無憑之際多所諭以曉之則所以予之者亦多此所以為言語達

遜而其智足稱也若子貢者真聖門之干城也哉

河東文尚宥蝮蛇況明敏如端木頓智出柳州下耶僉剛努目

不如菩薩低眉乃使日事雌黃者聞之心灰氣短　原評

子貢本自言語妙天下○只用逐層鉤出題妙而文亦妙矣○文人之心○化工之筆○

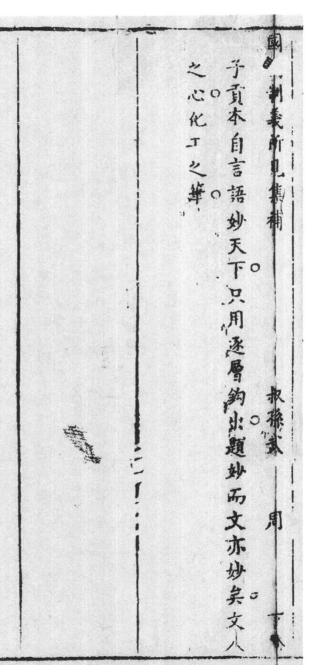

虎負嵎

徐葆光

虎而據險、得勝勢矣、夫嵎非有與于虎也、然負之而虎張矣、不已得勝勢乎、從來威生於相倚、而氣壯于有憑、故物情雖處亦有恃為安地、非當險而急則相倚、如為衆所逐之虎未已、叢響相和則衆盛而虎已孤、夫孤將求助、平原曠野、非虎之利也、逼逐相加、則虎急而衆益犯、夫急而走險、山林丘阜、皆虎之援也、野則有山也、而山不有嵎、至嵎、非若崇岡修嶺、足以潛藏、維山有曲離、形如環抱、而左右皆窮麓焉耳、嵎非有長林豐草、可以隱伏、彼山之阿離、勢若屏藩、而前後資險阻焉耳、虎其徘徊復之矣乎、乃憑其徘徊復之、而忽隱以臨人

造語雄緊

深僻衆邃

森然逼目

○於○右○之○窮○麓○挾○而○張○焉○不○啻○傳○之○翼○虎○其○入○而○不○出○矣○乎○乃○惟○其○入○而○不○出○而○突○阻○以○自○固○前○後○之○險○阻○反○而○用○焉○藩○以○備○之○處○嵎○不○必

○吾寫

○出○有○字○妙○不○察○

其○地○之○雄○也○而○巖○上○之○象○虎○若○成○之○虎○固○已○盛○其○怒○也○而○耽○耽○之○視

○對○照○

嵎○又○助○之○虎○踞○乎○前○而○嵎○衛○乎○後○真○無○逸○領○之○憂○乎○虎○有○雄○視○之○形

○妙○此○當○次○非○西　漸及

而○嵎○防○其○後○屋○之○崇○其○有○負○前○之○氣○乎○迩○則○受○人○之○凌○而○負○則○反○為

○形○想○形○狠○懷○過○出　據字

之○主○則○虎○已○有○相○持○之○勢○群○然○而○議○其○後○轉○此○無○而○當○其○前○則○虎○反

有○藩○人○之○形○苟○非○善○搏○者○亦○誰○敢○攖○之○乎

前半先將嵎字安頓接上殺後轉入負字然後驚人以下突寫四股從負字對照攖字細意摹畫不着粘皐一語與任作固各有其妙

明清科考墨卷集　第十九冊　卷五十七

虎豹之鞹 此興題

物有貴乎其文者而獨惜其文之去焉夫虎豹亦物之文焉者也而至于鞹則何文乎子貢欲以是明其文之不可去也若曰凡人之質

恰是本題機筆

其異乎衆也必其文采昭著令人一望而即知其為可貴者也夫惟一望而即知其可貴而其人始異而其品始尊使其外之一無可覩

借點虎豹 龍潛虛

焉彼物之以文為貴而遽失其文者不幾有同情也耶子謂文之輕乎質也不知惟文然後見君子耳子謂文之可盡去也不知君子非

落潛古惜

其辨耳吾覩天下之以文貴者豈獨君子哉人固有之物亦宜然

托一筆

物之以文貴者莫如虎豹虎豹不啻衆人中之君子也斯世皆賤

四化正
味題位
不襍併
煙文語

㴱色而虎豹獨以其文著則人争羨之矣羨虎豹乎羨虎豹之文
（接出虎豹）（清折）
耳當世皆固陋無華而虎豹獨以其文顯則人咸識之矣識虎豹
（反撲出）（博洛韓字）（有層次）（從虎豹）
乎識虎豹之文焉耳一如使虎豹而盡去其文也則止一鞟耳以貴重
（起）（傳入鞟字）
華美之物自足取重于當世今虎豹而但存其鞟則還而望之闇然
（容開）（發致搖曳）
也即而視之淡然也即有從而原之者曰是固所稱其文蔚然其文
（今）（豹亮）
炳然者而人不之信也曰固已至于鞟也以輝煌巨麗之象自足表
（虛描鞟字）
異于斯世今虎豹而併有其鞟則此也嘆其無華彼也厭其無色即
（暗攤君子）
有從而辨之者曰是固所稱超乎其群出乎其類者而人不之異也
（然任）（漸過下意）
曰已成其為鞟也且夫虎豹之在天下亦非難識之物也人第見虎

豹之鞟則文之不彰雖以庸人孺子所共知共見之物而君子猶謂（下意吞吐說出）
其莫辨且夫虎豹而至于鞟亦有不能自白者也鞟雖寔出于虎豹（但下循字）
則質之徒存即以樵夫牧豎所習見習聞之物而君子亦若于無憑
其與犬馬之鞟有以異乎無以異乎君子而去文將毋類是

題意不在本句之字在下句循字猶循字為犬羊吐氣則之字已
為虎豹合寃故行文者只傷去文之流弊也若徒描寫犬羊縱極
文章變化亦不過一篇虎豹賦耳

虎豹之

虎豹之鞹

李學院歲取入同安學第十七名 石跨鰲 玉鱗

物有藉毛以貴者、徒存質焉又未可概論也、夫所貴乎虎豹之皮、者以質、而有其文也、若乃毛既不存矣、雖有鞹焉、其誰得以虎豹目之哉、今夫欲黜華而崇實者、豈不曰有美在中、無事外觀之有耀、抑知章身之具、固為宇宙間之不可闕者乎、蓋靡浮華以自適、洵足追皇古之風、而葆樸素以自居、恐難處超群之品、則夫懷挾洵之念者、是亦未嘗深思乎文炳文蔚之觀、其所以顯煥乎人寰、固有不徒恃皮革之空存也已、文質不可相離、苟乃欲去文而從質乎、吾今試與子論虎豹、讀禮至玉藻之篇、天子則以虎植矣

春試草

以其威亦取其文也則皮雖云寢處而猶赫然耀搏噬之威者知不僅恃骼質無虧遂令人見深目出爪之狀誦詩至羔裘之章大夫則以豹飾矣服其猛抑亦示其文也則身雖既莫贖而猶顯然揚孔武之象者夫豈非以大文彌炳始令人起驚心動魄之容甚然則所貴乎虎豹之皮者固無取乎其鞹也明矣吾今試即虎豹之鞹思之論虎豹之分其形象迥殊虎深色而文斑豹赤色而文固矣然形象殊者而彪炳未始有異是虎之象文而豹之象亦不得為質也若乃一言鞹則僅得謂有其文乎夫裳馬者類以破敝飾袖者藉以觀光非以其斐而有文者毛羽僅呈其豐滿即蔚而

可得數萬人而武王曰無鄗載木主而徂亦知周盧環衛之臣而西
兵○高○衛○王○師○氣○象○大
州士女咸安堵以觀王師之東向所爲命將行師而兵不知兵也抑
用○意○絕○妙
孟津之會諸侯八百并六州從征之士將之更可得數十萬人而武
亦○同
三亦曰無侮率禁旅而前無非蒞若戎行之上而友邦冢君等拱手
妙○上○題
以侯會朝之清明所爲戰勝克敵而兵不外露也惟其然故大明之
妙○評
什萃後其櫝中駟騶而此三千人者其力易於奏效勛勞不待稱師
此○證○尤○爲○確○切
徒之盛武成所紀第述其放牛歸馬而此三千人者則從行入復
收○應
爲衛并無纓鼓遠之警迨至王歸自商散軍郊射而虎賁之士說
劍矣此其爲王者之兵也夫

以鐵騎佐其鎗論縱橫變化兼流俱融○起講云七十萬人中比云衛之一人勝于億萬人後比云可得數萬人可得數十萬人此

又六御家庭儲同人

後蒙卷補纂組以精思銜制以確識與之皆成龍氣劉大山

○附加權謀於虎賁三字明其非兵中二股便言秦滅伐暴無所事

兵[illegible][illegible][illegible]忘之後故亦勝于兵後二股言不煩西周之士不勞

六師之衆非無兵而無所用之哉請書皆未嘗停言兵照下無畏

通體一脉又旋〻映發三千人則在陸先小跋該盡矣

矣○

怪字看得平常甚好○天下未嘗無怪○然未有能出於陰陽五行之氣之外而爲怪者○但反常耳○反常即常理之所有也○聖人言怪○亦只是言常理○其責成總歸于人事○觀春秋所書日食星變諸災異可見○文能及之○原評

持論勁正○誠如原評所云○而筆之辨達○亦足以濟之○